Por qué necesitas un coach

Juan Carlos Cubeiro

Por qué necesitas un coach

Verdades y mentiras del mundo del coaching

Prólogo de Laura González-Molero
Epílogo de Elena Gil

alienta
EDITORIAL

Alienta es un sello editorial de Centro Libros PAPF, S. L. U.
Grupo Planeta
Av. Diagonal 662-664
08034 Barcelona

ISBN: 978-84-92414-76-5
Depósito Legal: B. 10.866-2011
Preimpresión: j3 realizaciones, s.l.
Impreso por T.G. Soler
Impreso en España - Printed in Spain

ÍNDICE

PRÓLOGO 13

INTRODUCCIÓN 17

PARTE A. ¿CÓMO ANTICIPAS TU FUTURO?

1. ¿DE QUÉ PASTA ESTÁS HECHO? 31
2. ¿EN QUÉ TE QUIERES LLEGAR A CONVERTIR? 45
3. ¿CÓMO VAS DE AUDACIA? 57

PARTE B. ¿CÓMO EXPLICAS TU PASADO?

4. ¿CUÁN OPTIMISTA ERES? 73
5. ¿CUÁL ES TU MENSAJE AL MUNDO? 85
6. ¿POR QUÉ MERECES CONFIANZA? 103

PARTE C. ¿CÓMO OBTIENES TU PRESENTE?

7. ¿QUÉ TE ILUSIONA? 121
8. ¿QUIÉNES TE APOYAN? 133
9. ¿QUÉ HACES PARA CONSTRUIR TU FELICIDAD? 147

CONCLUSIONES

10. UNA PERSONA INTEGRAL E ÍNTEGRA 177

EPÍLOGO 191

NOTAS 195
REFERENCIAS BIBLIOGRÁFICAS 201
BANDA SONORA 209
VIDEOGRAFÍA SELECCIONADA 211

«Tal era su amor por las humanidades que encontraba tiempo en sus ocupaciones públicas y privadas para mantener largas conversaciones conmigo.»

Simon Gryaneus, sobre Tomás Moro (1478-1535)

«I keep six honest serving men, (They taught me all I knew); Their names are What and Why and When, And How and Where and Who.»

[Seis honrados servidores (me enseñaron lo que sé); Se llaman Qué y Dónde y Cuándo, Y Quién y Cómo y Por Qué.]

Rudyard Kipling (1865-1936)

Just So Stories, «The Elephant's Child», *1902*

PRÓLOGO:
UN DESEO DE TRANSFORMACIÓN Y CRECIMIENTO

Enfrentarse a la reflexión sobre uno mismo no es una de las tareas más fáciles que me he planteado en mi vida, sin embargo tiene un punto motivador que le confiere cierta emoción. Convivir con la incertidumbre, la ansiedad y el estrés es parte del día a día de un directivo. Y si estos factores intangibles no se gestionan consecuentemente, pueden afectar al liderazgo y al desarrollo profesional.

A lo largo de más de veinte años de carrera profesional me he encontrado más de una vez en esta situación y, honestamente, considero que siempre me ha resultado beneficiosa, a pesar de haber sido consciente no sólo de mis habilidades, sino también de mis áreas de mejora.

En este momento, en el que he recorrido parte de mi trayectoria profesional y aún me queda camino por recorrer, siento la necesidad de seguir aprendiendo día a día, de crecer tanto profesional como personalmente y de realizarme como persona, desarrollando con pasión cualquier reto que se me plantee. Considero que el bienestar y el equilibrio interno son prioritarios para alcanzar el éxito, afrontando con serenidad y objetividad las adversidades que se presenten.

Para poder seguir este camino y no desfallecer en el intento, conocerme a mí misma con sinceridad y con cierto componente crítico me ha llevado a ser dueña de mis acciones, de mis decisiones, de mis logros, y también de las lecciones que he ido aprendiendo a lo largo de los años.

Pero este camino no lo he recorrido sola, ha sido posible gracias a la ayuda de tres claves muy importantes:

- Mi familia y amigos: me han proporcionado un marco propicio para mi desarrollo personal desde mi niñez en Ourense, que ha continuado en el ámbito de las relaciones personales a lo largo de los años.
- Mis colaboradores: sin ellos no estaría donde estoy, son todas las personas en las que confío, de las que he aprendido y sigo aprendiendo todos los días en el ámbito profesional.
- Mi coach: aunque hace años esta figura no estaba tan consolidada como lo está hoy en día en el ámbito profesional, ha sido un pilar clave en mi crecimiento personal y profesional.

En este sentido, el coaching ha jugado un papel relevante en mi experiencia, con el que he disfrutado inmensamente. Sin embargo, es un proceso que exige un esfuerzo continuo para que sea exitoso.

Encontrar el coach adecuado para cada uno no es tarea fácil, puesto que la relación que estableces con él tiene que ser de absoluta confianza, alguien con quien te sientas cómodo para contarle con sinceridad tus inquietudes y encontrar juntos oportunidades de desarrollo.

En este aspecto, dirigiros estas palabras como antesala del trabajo de mi querido amigo y coach Juan Carlos Cubeiro es un verdadero honor. A través de su trabajo, ha conseguido sacar una parte muy importante de mí que me ha ayudado en momentos profesionales clave.

Hay dos premisas básicas que puedo extraer de mi experiencia como coachee: en primer lugar, aprendí a tomar decisiones sin miedo, aunque no siempre sean con el consenso de todos, y a rodearme de equipos complementarios con personas motivadas y que sienten pasión por su actividad.

En estos momentos, mi papel se basa en liderar y velar por el cumplimiento de la estrategia de la compañía que tengo el honor de presidir, sin embargo mi función se ajusta a las circunstancias de cada etapa. De esta manera, la capacidad de adaptarme a las necesidades de cada momento es fundamental. Ser capaz de aplicar el término de «evolución constante», al que se hará referencia más adelante en estas páginas a través del concepto de «mente de arcilla», de manera que tengamos la flexibilidad suficiente para adaptarnos de manera anticipada y con éxito a la multitud de procesos de incertidumbre y cambios que se plantean en el día a día.

Sin embargo, para llevar a cabo este proceso es necesario tener voluntad de cambio, deseo de crecimiento como persona y apostar por ello a través del aprendizaje. En mi opinión, os recomiendo que no os aventuréis a iniciar el viaje que propone el coaching a no ser que realmente tengáis ganas de transformaros a vosotros mismos para ser personas más maduras y, en consecuencia, profesionales más competentes.

Laura González-Molero
Presidente y consejera delegada de Merck en España

INTRODUCCIÓN:
MENTE DE ARCILLA

«Todos los hombres pueden ser, si se lo proponen, constructores de su propio cerebro.»
Santiago Ramón y Cajal (1852-1934),
Premio Nobel de medicina
(En el hall de entrada del Hospital Ramón y Cajal de Madrid)

«La plasticidad del cerebro depende finalmente de cuánto se usa. Cada vez que aprendemos algo, nuestro cerebro cambia. Mediante la experiencia esculpimos nuestro propio cerebro.»
José Antonio Marina (1939), filósofo español

Si aprovechamos nuestra mente de arcilla, podemos hacer de nuestra vida una obra de arte. Porque nuestra mente puede ser de arcilla, de roca o líquida. En su libro *El arte de ser flexible*,[1] el psicólogo Walter Riso llama «mente de arcilla» a la mente flexible, virtuosa, capaz de superar los obstáculos de la vida y reinventarse continuamente. Es el término medio entre la mente de piedra, rígida, monolítica, que se rige por la intransigencia, el dogmatismo, la soberbia, la intolerancia, y la mente líquida, en la que todo vale, nihilista, sin forma. Es la misma distinción que nos propone José Antonio Marina[2] en su 'extravagante' (el calificativo es suyo) idea de que la filosofía es un servicio público. La ultramodernidad es un nuevo modelo de inteligencia, que supera la dicotomía entre la modernidad (la inteligencia como el conocimiento y la razón) y la posmodernidad (la inteligencia como una veleta, a merced de intereses superficiales y cambiantes). Sostiene Marina (y un servidor con él) que la inteligencia ultramoderna culmina en la ética, que es una 'poética de la acción', relacionada con el comportamiento (más allá del conocimiento), la creación, la libertad y la felicidad.

La mayor sorpresa con la que se han encontrado las decenas de miles de neurocientíficos que están investigando actualmente en el planeta es la plasticidad del cerebro. Nuestro cerebro es plástico, nuestra mente puede ser de arcilla (si nosotros queremos que así sea). Algo vital para la supervivencia, puesto que la mente de arcilla sigue dos principios de sostenibilidad: la ley de Revans y la ley de Collins.

Reg Revans (1907-2003), padre del aprendizaje basado en la acción, enunció en 1979 su famosa ley, aplicación de los principios de la biología a nuestro crecimiento: «La supervivencia de un organismo depende de que su tasa de cambio sea igual o mayor a la del entorno». Reg Revans redefine la humildad tal como la conocíamos. Proveniente del latín «humus», la tierra orgánica, rica, fértil, que permite crecer a las plantas, es la clave del aprendizaje.[3]

> «La palabra humildad es una de las peor comprendidas y utilizadas en todos los idiomas. Humildad no significa ser pasivo o sumiso, ni distinguirse por encorvar la espalda, agachar la cabeza y fijar la vista en el suelo con actitud servil. Significa mostrarse dispuesto a dejar que te enseñen y guíen. Implica un afán continuo de aprender, crecer y expandirse. Significa vivir la vida *in crescendo*, con la espalda y la cabeza erguidas mientras nos esforzamos en dar lo mejor de nosotros mismos, tendiendo luego la mano a los demás para ayudarles a hacer lo propio. ¡Y después vuelta a empezar!»
>
> Kevin Hall[4] (1944), orador y experto en coaching

La autocomplacencia (la mente rígida) es suicida. En la «mente del principiante» (en japonés, *shoshin*, la actitud y voluntad de aprender de manera constante) hay presente y futuro. Tal como nos enseña el maestro zen Shunryo Suzuki, «en la mente del principiante existen muchas posibilidades, pero en la del experto, pocas».

El otro parámetro que define una «mente de arcilla» es la necesidad de valores sólidos. Los expertos en gestión empresarial Jim Collins y Jerry Porras investigaron 18 compañías admiradas, de crecimiento sostenido, a las que llamaron «visionarias» y las compararon con sus rivales en cada una de las industrias. En su libro *Empresas que perduran* (*Built to Last*), demostraron que las empresas visionarias saben evolucionar al ritmo de los tiempos e innovan continuamente. Sin embargo, lo que marca la diferencia en las compañías que perduran es que están asentadas en valores sólidos, innegociables, con los que no transigen. Son los valores que preservan su ideología y dotan a su cultura de una fuerza especial.[5]

> «La grandeza no es función de las circunstancias; la grandeza básicamente depende de una elección consciente y de la disciplina.»
>
> Jim Collins (1958), gurú de la gestión

La «mente de arcilla» disfruta de un difícil equilibrio entre solidez y liquidez. Su cualidad es la «flexeverancia», que combina la perseverancia en los valores con la flexibilidad del desarrollo constante (de la auténtica humildad del aprendiz).[6]

El factor Potter. ¿Qué tal alfarero eres?

Como todos sabemos, la alfarería es el arte de elaborar vasijas de barro cocido. A diferencia de la cerámica (en la que las piezas se esmaltan), en la alfarería los objetos se realizan con arcilla y se cuecen una sola vez: ollas, pucheros, platos, vasos, botijos… Tiene una larga historia, porque las piezas más antiguas de alfarería que conservamos datan de hace más de 14.000 años. Hay tres técnicas de modelado: a mano (mediante el estirado de la pasta en rollos, placas o bolas de arcilla), a torno (que puede ser cerámico o eléctrico) y al vaciado (con el uso de molde). El proceso de elaboración de las piezas pasa por una serie de fases:

1. Se elige la arcilla y se amasa convenientemente para que la humedad se distribuya de forma homogénea y se elimine cualquier burbuja de aire en su interior (que podría provocar explosiones durante el horneado).
2. La arcilla es modelada manualmente o mediante diversas herramientas. Se utiliza agua para mantener la plasticidad de la arcilla durante el moldeado y que no aparezcan grietas. Al final, la pieza se deja al aire para que se seque y se endurezca lo suficiente. Es el llamado «estado de cuero». Una vez que la pieza está terminada, se la deja secar nuevamente para que pierda los restos de humedad.
3. Cuando la pieza está totalmente seca, y por tanto tiene un color más claro, se le pasa una lija fina y una esponja húmeda para pulirla. Es llevada al horno, donde adquiere resistencia y sonoridad. Con la cocción, la pieza ya está acabada.

> «Para mí, la arcilla es el cuerpo humano. Se dice que Dios hizo a Adán tomando arcilla de los cuatro puntos cardinales: norte, sur, este y oeste. Y, con esa arcilla procedente de los cuatro lados de la tierra, hizo un hombre equilibrado. Estos cuatro lados están también en nosotros. Si el ser humano no ha establecido un equilibrio entre sus necesidades corporales, sus deseos, sus emociones y su intelecto, no puede sentirse bien. En un ser humano bien desarrollado, estas cuatro energías están en equilibrio.»
>
> Alejandro Jodorowsky (1929), artista polifacético chileno

Cuatro energías, cuatro puntos cardinales, cuatro elementos: la tierra (la arcilla primigenia), el agua (para moldearla), el aire (para secarla) y el fuego (para conferirle resistencia, sonoridad y carácter). En la película *Ghost*, protagonizada por Patrick Swayze, Demi Moore y Whoopi Goldberg, una de las más recordadas de 1990 (Oscar al mejor guión y a la mejor actriz secundaria, nominada a la mejor película, edición y banda sonora), la protagonista, que practica la alfarería, le enseña a su pareja este arte, mientras suena la romántica canción *Melodía desencadenada*, de los Righteous Brothers.[7]

Desde el Antiguo Testamento hasta nuestros días, la metáfora del alfarero nos sirve para entender cómo aprender continuamente teniendo claro lo que es importante para nosotros. El gurú del management Henry Mintzberg diferenciaba a los estrategas carpinteros (siguen patrones, unen partes, entregan sus productos) de los estrategas alfareros: «Los directivos son artesanos y la estrategia es su arcilla; al igual que el alfarero, ellos se encuentran situados entre el pasado de las capacidades corporativas y el futuro de las oportunidades del mercado. Si en verdad son artesanos, confieren a su trabajo igual conocimiento íntimo de los materiales con los que lo llevan a cabo como a la esencia de la conformación o modelado del patrón de una estrategia. Cuando se habla de arte necesariamente se habla de creatividad, pasión, abstracción y/o construcción y de un lenguaje o significado, el cual se simboliza para dar sentido o transmitir diferentes ideas, emociones, situaciones, etc. Las estrategias deben ir más allá, no quedarse simplemente en el diseño y la planificación. Éstas pueden formarse y ser formuladas, deben surgir en respuesta a las situaciones del entorno o ser generadas de forma deliberada mediante un proceso. La necesidad constante de experimentar y las limitaciones estimulan el cambio, por eso, de acuerdo con las diversas circunstancias, el hombre instintivamente, además de adaptarse y readaptarse constantemente, cada vez debe utilizar más que un torno para diseñar su obra de arte».

Utilizando la nomenclatura que nos propone la escritora J. K. Rowling, o somos (Harry) Potter (alfarero, en inglés) o somos Voldemort, el vuelo de la muerte.

> «Cuanto más profundo alcance la tristeza en tu ser, más alegría puedes albergar. ¿No es la vasija que contiene tu vino la misma que horneó el alfarero?»
>
> Khalil Gibran (1883-1931), artista libanés

Directivos cuya arcilla se seca

España llegó a ser la octava potencia económica del mundo y en los últimos meses ha caído a la decimosegunda posición. En términos de productividad y competitividad, nuestro país ocupa el puesto número 42 del mundo (tras haber descendido nueve posiciones entre 2009 y 2010), según datos del Foro Económico Mundial de Davos. Desde la llegada del euro, España ha perdido un 20% de competitividad y Alemania ha ganado un 13%, lo que significa que hoy el euro equivaldría a 230 pesetas y no a 166.

Al contrario de lo que suele creerse, el nuestro es el país de Europa en el que más se trabaja: una media de 1.775 horas/año, muy por delante del Reino Unido (1.607 horas/año), Suecia (1.601 horas/año), Italia (1.566 horas/año), Francia (1.559 horas/año), Alemania (1.432 horas/año) y los Países Bajos (1.433 horas/año). En los últimos 60 años, el número de horas trabajadas en España ha descendido un 13,4%, en tanto que en los países desarrollados ese descenso ha superado el 25%. La cultura presencialista prevalece.

Hemos de tenerlo claro: la gran causa de la baja competitividad y productividad (la otra cara de la moneda) de nuestra economía es la calidad directiva. De hecho, la calidad directiva explica hasta el 60% de la productividad. Según el citado Foro Económico de Davos, España ocupa en calidad directiva el puesto número 35 (en 2008 éramos el 27 y en 2009 el 28). Un reciente estudio de Otto Walter, *Calidad directiva: lecciones aprendidas de la crisis*, revela que el 38% de la alta dirección no está a la altura de las circunstancias. «Hay que aplaudir al 35% de los equipos directivos que supo estar a la altura y lo sigue estando ahora, al igual que ese 27% que ha sabido rectificar a tiempo. Pero ¿qué pasa con ese 38% restante al que se le ha visto el plumero de su mediocridad en cuanto ha llegado la crisis y no reacciona?, ¿no habría que exigir un cambio de rumbo o incluso sustituir a más de un alto directivo? A más de uno de esos directivos que cobraron suculentos bonus extra por su aparente triunfo habría que decirles que los devuelvan» (Paco Muro, Presidente de Otto Walter). Entre los directivos de las grandes y medianas empresas españolas, sólo el 27% piensa a largo plazo; el 41% no tiene claros los objetivos; el 46% muestra incoherencia en sus decisiones; el 78%, falta de decisión y audacia a la hora de dirigir; el 49%, poca cercanía de la alta dirección a la base; el 51% no dirige bien sus equipos y el 33% adolece de mala comunicación interna. Se comprueba falta de liderazgo en el 44% de los directivos e incapacidad para conseguir que los profesionales participen y aporten ideas creativas en el 55%.

En los países más avanzados, el coaching se ha impuesto como el método para desarrollar el liderazgo en las organizaciones. En España, la crisis ha servido de excusa para que en muchas organizaciones el desarrollo brille por su ausencia (el 85% de las pymes no aprovecha la formación bonificada, por ejemplo). La paradoja es que son los mejores directivos, los más profesionales, los más eficientes y eficaces, los que suelen invertir tiempo y esfuerzo en su propio coaching ejecutivo.

Según la EMCE (Encuesta de Mercado de Coaching Ejecutivo) 2010, tercera edición de la encuesta bianual sobre la situación en España, dirigida por Jaime Bacás y Jorge Salinas, los principales objetivos de los pupilos en el coaching son mejorar la capacidad comercial, la integración en nuevos equipos y proyectos, la promoción profesional, el rediseño de la carrera profesional y la gestión del tiempo/equilibrio de vida. Dos años antes, los principales objetivos eran la gestión del propio equipo, la mejora en las relaciones interpersonales, la gestión del cambio, la gestión del tiempo y el equilibrio de vida personal y profesional. Los beneficios adicionales para los que reciben coaching están relacionados con la autoconsciencia, la autoconfianza, el compromiso y la proactividad.

El valor del cine

«Una vida sin cine sería una vida a medias, una vida deslucida, insípida, insustancial. Por algún motivo que desconozco, a los seres humanos nos fascina contar y que nos cuenten historias. Aprendemos con historias mejor que con conceptos, disfrutamos más con la narración de una hazaña que con cualquier otra cosa. El cine, como la novela, nos permite acceder a historias a las que de otra manera nunca podríamos llegar.»

Sergio Fernández, periodista y escritor español

El cine es «el método del caso del siglo XXI». Expertos como Rubén Turienzo,[8] como las profesoras de la Universidad Católica de Valencia Mª Consuelo Tomás y Garrido y Beatriz Ródenas Tolosa, o como el propio Sergio Fernández, han hecho hincapié en el valor del séptimo arte para reflexionar y mejorar.

En este libro propondremos varias películas que un coach eficiente probablemente utilizaría y que bien te podría recomendar. Entre ellas, la ya mencionada *Ghost*.

La reina de la versatilidad y el actor «fiel a sí mismo»

¿Por qué tenemos que reinventarnos, por qué tenemos que renacer? Porque, en el fondo, la evolución, la adaptación, la transformación, el cambio, es ley de vida. Y lo más arriesgado es tratar de perpetuarse en lo que uno es y ha sido. Por ejemplo, la actriz mejor pagada del planeta es Meryl Streep. Nacida en 1949, ha recibido dos Oscar y 16 nominaciones, siete Globos de Oro en 25 nominaciones, un BAFTA en 13 nominaciones, cuatro nominaciones a los Grammy, dos Emmy, una nominación a los Tony, el premio del Festival de Cannes y un César honorífico. Todos recordamos sus grandes películas: *Kramer contra Kramer*, *La decisión de Sophie*, *La mujer del teniente francés*, *Memorias de África*, *Los puentes de Madison*, *Las horas* y las más recientes *El diablo viste de Prada*, *Leones por corderos*, *Mamma mia!*, *La duda*, *Julie y Julia* y *No es tan fácil*. Para el 2011, será *La dama de hierro*, interpretando a la primera ministra británica Margaret Thatcher. Meryl Streep cobra unos 7 millones de dólares por película, básicamente porque es la más versátil. A sus más de 60 años, con unos 300 papeles entre cine, teatro y televisión, nunca deja de disfrutar aprendiendo.

> «Escuchar lo es todo. Escuchar es lo que hay que hacer. Eso es lo que creo. Quiero decir, antes de trabajar, después de trabajar, durante el trabajo, con tus hijos, con tu marido, con tu madre, con tu padre. Lo es todo. Y es de donde aprendes todo.»
>
> Meryl Streep (1949), actriz estadounidense

Su contrapunto, en el ámbito nacional, bien podría ser Jorge Sanz. Nacido en 1969, debutó a los 10 años en *La miel*, de Pedro Masó. Desde entonces, más de 50 películas, seis nominaciones a los Goya y un Goya por *Si te dicen que caí* (1989). Tres décadas haciendo «de Jorge Sanz». Su amigo David Trueba estrenó en Canal+ en noviembre de 2010 la serie «¿Qué fue de Jorge Sanz?», seis capítulos a modo de falso documental, una ficción basada en hechos reales sobre las dificultades que sufre un actor para mantenerse a flote en el competitivo mundo del cine.

> «Soy un inmaduro.»
>
> Jorge Sanz (1969), actor español

Podemos elegir entre la versatilidad (reinvención, nuevos proyectos, meticulosa preparación) o el encasillamiento. De nosotros depende.

Una quiniela para transformar tu vida

Imagínate que tienes que rellenar una quiniela, pero en esta ocasión no se trata de adivinar qué equipo va a ganar en una jornada del campeonato, sino qué circunstancia domina cada una de tus situaciones vitales... aquí y ahora. Éstos son los catorce «partidos» relativos a tu propia circunstancia. Ya sabes la archirrepetida frase de D. José Ortega y Gasset: «Yo soy yo y mi circunstancia, y si no la salvo a ella no me salvo yo». Al responder sobre ti mismo, sé todo lo sincero que seas capaz:

Vocación – Desorientación	1 x 2
Proyecto – Inercia	1 x 2
Valentía – Inmovilismo	1 x 2
Optimismo – Pesimismo	1 x 2
Claridad – Caos	1 x 2
Atrevimiento – Miedo	1 x 2
Serenidad – Ira	1 x 2
Alegría – Tristeza	1 x 2
Generosidad – Envidia	1 x 2
Fiabilidad – Incumplimiento	1 x 2
Ilusión – Desilusión	1 x 2
Apoyo – Aislamiento	1 x 2
Felicidad – Desgracia	1 x 2
Integridad – Incoherencia	1 x 2

Si en tu caso han ganado todos los equipos «locales», enhorabuena. Estás en el camino vital acertado. Puedes «pulir» el ejercicio considerándolo como 14 líneas continuas en las que la fortaleza es un 100% y la carencia un 0% (por ejemplo, sigo mi vocación al 80%; tengo proyecto al 75%, etc.).

Si predominan los empates o las «victorias a domicilio», tu intuición te está diciendo que hay aspectos de tu vida en los que mereces invertir tiempo y esfuerzo.

En cualquier caso, cuidado con la autocomplacencia, que es un poderoso enemigo del aprendizaje.

> «La autocomplacencia es un bálsamo engañoso, pues al principio quizá reconforta pensar que somos buenos y el resto de la humanidad, malvada, pero al final lo único que conseguimos con esta creencia es quedarnos solos en nuestra tonta torrecita de marfil.»
>
> Carmen Posadas (1953), escritora uruguayoespañola

¿QUÉ PUEDE HACER UN COACH POR TI?

De la misma manera que un preparador físico puede ayudarte a mantenerte en forma con una serie de rutinas que son las más adecuadas para ti, un coach ejecutivo puede ayudarte como profesional a aprovechar esa «mente de arcilla» mediante un proceso sistematizado de desarrollo profesional y personal con una serie de reuniones presenciales (habitualmente, de unos 90-120 minutos) en las que, a través de preguntas abiertas, provoque tu reflexión y cuestionamiento, el descubrimiento de tus prioridades profesionales y personales, la elaboración de un auténtico plan de acción (con metas, objetivos, hitos cada mes, indicadores de cumplimiento) y el seguimiento de tus compromisos, para convertirlos en nuevos hábitos.

Según distintas investigaciones, cuando una persona trata de mejorar por sí misma sin la ayuda de un profesional con quien dialogar, lo consigue en menos de un 10% de los casos. Sí, menos de un 10% de los casos (en realidad, todos lo sabemos; por ejemplo, cada fin de año nos marcamos buenos propósitos que casi nunca se consiguen a lo largo del siguiente ejercicio). Cuando un individuo lo hace a través de un proceso de coaching serio, riguroso, profesional, realizado por un experto, alcanza los objetivos que deseaba en más del 85% de los casos. Es la «magia» de conseguir el cambio deseado.

> «Right from the beginning I said I wanted to be as famous as Persil Automatic.» («Desde el principio dije que quería ser tan famosa como Persil Automatic.»)
>
> Victoria Beckham (1974), celebridad británica, en su autobiografía *Aprendiendo a volar*

En el mundo de hoy, reinventarse (o, mejor dicho, renacer, puesto que no se trata de invención, de artificio, sino de nueva creación) es imperativo. Pero no puede hacerlo uno solo. Nos hace falta el otro, un buen espejo, un coach, para lograrlo. El entrenamiento es una actividad netamente humana; es lo que nos hace humanos y lo que nos perfecciona como humanos. El talento, el liderazgo, o se desarrollan (como un pergamino que se desenvuelve) o se deprecian y dejan de existir.

En un antiguo *koan* (una breve historia zen que nos sirve para aprender), un monje le dijo a su alumno: «Observa, querido alumno, cómo es el sonido de una palmada». Acto seguido, el sabio dio una palmada en el aire. Después, observando atentamente a su alumno, le preguntó: «Querido alumno, ¿podrías indicarme cómo se da una palmada con una sola mano?». ¿Qué debería aprender el alumno? Que si sólo tiene una mano, necesita que otro le eche una mano. Por tanto, para dar una sonora palmada se precisa la mano de otro que se preste a ello.

> «Si un hombre te dice que pareces un camello, no le hagas caso; si te lo dicen dos, mírate en un espejo.»
>
> Proverbio árabe

PARTE A

¿CÓMO ANTICIPAS TU FUTURO?

1. ¿DE QUÉ PASTA ESTÁS HECHO?

«No temáis a la grandeza; algunos nacen grandes, algunos logran grandeza, a algunos la grandeza les es impuesta y a otros la grandeza les queda grande.»
William Shakespeare (1564-1616), dramaturgo británico

«El primer paso del saber es saberse.»
Baltasar Gracián (1601-1658), pensador español

Gente del Re-nacimiento

El talento, el talento de verdad, es puro disfrute. Cuando hacemos lo que nos gusta, lo hacemos mejor, con más alegría, con dedicación y entusiasmo.

Es la «vocación», la llamada. Diane Dreher, profesora de la Universidad de Santa Clara y autora de *El Tao de la mujer de hoy* y *Tu renacimiento personal*, ha analizado la vida y la obra de los artistas de los siglos XV y XVI para aplicar sus enseñanzas a los tiempos actuales. La Dra. Dreher ha descubierto que el desánimo, el desaliento, la sensación de vacío, la falta de sentido en lo que hacemos, que comparten muchas personas en nuestra sociedad, eran considerados hace 500 años, en la plenitud del arte renacentista, como una llamada de la vocación (valga la redundancia), como un momento ideal para descubrir nuestra misión en la vida y nuestro papel en la comunidad. Hemos de descubrir nuestro propósito vital.

Diane Dreher nos regala en *Tu renacimiento personal* un decálogo que denomina «principios del Re-nacimiento»:

- Tu vocación es tu misión que te permite llevar una existencia más feliz y plena.
- Las decisiones diarias configuran tu vida e influyen en el mundo.
- Hay una parte de ti eternamente joven, juguetona, curiosa y auténtica que te lleva a tu vocación.
- Apártate del bullicioso mundo que te rodea para seguir los valores más profundos de tu corazón.
- Estás en este mundo para descubrir tus talentos y usarlos para cumplir tu destino.
- El discernimiento significa seguir lo que te inspira y abandonar lo que te empequeñece.
- Sobresales en la vida al concentrarte en tus virtudes en lugar de hacerlo con tus defectos.
- Los hombres y las mujeres del nuevo Renacimiento fomentan el crecimiento creativo en ellos mismos y en los demás.
- Las pequeñas acciones producen con el tiempo unos grandes resultados.
- Cuando intentas seguir tu vocación el universo te apoya con un sinfín de posibilidades.

La profesora Dreher nos pone como ejemplos a los pintores italianos Giotto y Cimabue, a Elena Lucrecia Cornaro (la primera mujer que obtuvo un doctorado, en Padua en 1678), a sor Juana Inés de la Cruz (la mujer más ilustrada de Nueva España), al poeta John Donne, al genial Miguel Ángel Buonarroti, a la reina Isabel I de Inglaterra, a Thomas Traherne, a Ignacio de Loyola, a John Locke, a William Shakespeare, a Francis Bacon, a Tomás Moro, a Aphra Behn (la primera mujer actriz, allá por 1670), a Francisco de Sales, a Teresa de Jesús, a Christopher Marlowe, a Marsilio Ficino, a Baldassare Castiglione, a Rafael Sanzio, a Leonardo da Vinci. Algunos de los mayores artistas del Renacimiento.

En la mencionada obra, Diane Dreher nos propone doce pasos para cultivar nuestro verdadero talento en ese Re-nacimiento:

1. Descubrimiento: conocer nuestras pasiones y talentos.
2. Desapego: despejar nuestro camino interior.

3. Discernimiento: seguir nuestros valores, vivir con el corazón.
4. Dirección: poner nuestros ideales en acción.
5. Fe: confiar en nuestra vida y en nuestro mundo.
6. Autoexamen diario: no perder de vista nuestros sueños.
7. Comunidad renacentista: la ayuda de mentores y amigos.
8. Contemplación: encontrar nuestro oasis interior de paz.
9. Creatividad: convertir nuestra vida en una obra de arte.
10. Lectura y reflexión: explorar nuevos mundos dentro y fuera de nosotros.
11. Ejercicio físico: desarrollar la fuerza y la sabiduría.
12. Disciplina y dedicación: hacer realidad nuestros sueños.[9]

Para seguir los pasos de los genios renacentistas, hemos de manejar conceptos como la «metacognición» (la capacidad de examinar nuestra conducta), la autocompasión (ser buenos con nosotros mismos), las «cavilaciones» (no obsesionarnos por lo negativo), formar parte de una «comunidad renacentista», la «práctica contemplativa» (la meditación frecuente, sobre un pasaje inspirador), la utilización de la música para la armonía («la música desata las cadenas que amarran el alma oculta de la armonía», John Milton), la importancia de la lectura (en nuestros días, el 52% de los estudiantes universitarios dedica menos de una hora semanal a leer por placer), la «emulación espiritual» (conocer y seguir modelos de conducta), el «sentirnos cómodos en la incomodidad» o la disciplina como práctica espiritual (citando de nuevo a John Milton: «No hay nada en el mundo más importante y apremiante en la vida del hombre que la disciplina»).

> «A mí lo que me importa es que quien me esté escuchando vibre al oír mi voz.»
>
> Ainhoa Arteta (1964), soprano española

Diane Dreher nos recomienda utilizar un «cuaderno del Renacimiento» para la reflexión y la acción. ¿No es eso lo que hacemos con un coach, apuntar en un cuaderno nuestras reflexiones, nuestros compromisos y nuestros logros?

Es el poder de la vocación para el desarrollo. Como dice una especie de *koan* del rabino Hillel en el Talmud:

«Si no miro por mí, ¿quién lo hará?
Pero si sólo miro por mí, ¿qué soy?
Y si no ahora, ¿cuándo?»

Vivimos un cambio de época («Esto no es una crisis, es un cambio histórico», Don Tapscott, experto en estrategia digital), cuyo precedente más probable es el Renacimiento europeo desde 1453. Como artistas («imprescindibles», en la terminología del gurú del marketing Seth Godin) hemos de vivir. Por ello, encontrar nuestra verdadera vocación, la base de nuestro talento, es esencial.

Un escalón para superar

Artista de nuestro tiempo, Juan Manuel Montilla, alias *el Langui*, es el cantante del grupo La Excepción y ha sido el protagonista de la película *El truco del manco* (Goya al mejor actor revelación), dirigida por Santiago Zannou. El Langui tiene parálisis cerebral, y es un maestro en el noble arte de levantarse tras cada caída y superarse a sí mismo con grandeza. Autor de un libro maravilloso, *16 escalones antes de irme a la cama*, el Langui es un espejo donde mirarnos y aprender.

El quinto de sus escalones («no hay quinto malo», se dice en el argot taurino) es la vocación. Para Juan Manuel Montilla es el hip hop. Le hubiera gustado ser futbolista, pero no ha podido ser, la vida no se lo ha permitido. Con la música puede rebelarse, acertar con las palabras adecuadas, expresar lo que siente... El Langui es feliz porque trabaja en lo que le gusta.

Para optimizar tu vida, descubre tu vocación y síguela apasionadamente.

«El maestro en el arte de vivir apenas distingue entre el trabajo y el juego, el esfuerzo y el ocio, la mente y el cuerpo, la información y el recreo, el amor y la religión. Apenas sabe cuál es cuál. Simplemente, persigue su idea de la excelencia en todo lo que hace, y deja a los demás la decisión de si está trabajando o jugando. A sus propios ojos está haciendo ambas cosas.»

James Michener (1907-1997), novelista estadounidense

Sin embargo, no es lo común

Un estudio de los profesores de la Universidad de Cádiz, Manuel Antonio García Sedeño, José I. Navarro e Inmaculada Penacho, «Relación entre los rasgos de personalidad y la elección vocacional», publicado en *Psychological Report* en octubre de 2009, revela que alrededor del 70% de los alumnos no saben qué carrera escoger cuando se incorporan a la universidad.

Según García Sedeño, investigador principal del estudio y profesor de Psicología Evolutiva y de la Educación en la Universidad de Cádiz: «Los datos nos revelan que no existe una relación estrecha entre la elección de una carrera universitaria (vocación) y los rasgos de personalidad. Como consecuencia habrá que reconsiderar la utilización de cuestionarios de personalidad en los procesos de orientación y tomarlos como información relevante». Durante el curso académico 2004-2005, mediante un muestreo aleatorio en la provincia de Cádiz, fueron elegidos 735 estudiantes de cuarto de ESO (Educación Secundaria Obligatoria), de los cuales 371 eran chicos (50,5%) y 364 chicas (49,5%) de entre 17 y 20 años. Para conocer los factores vocacionales de los escolares se empleó el cuestionario «Kuder-C», que evalúa sus intereses profesionales según diez campos diferentes de trabajo: al aire libre, mecánico, aritmético, científico, persuasivo, artístico, literario, musical, administrativo y de asistencia social; y cuyo objetivo es ayudar a los estudiantes a orientar sus actividades de capacitación y elegir una carrera. También se empleó el cuestionario Cattell para evaluar los factores de la personalidad y obtener resultados relacionados con la capacidad de liderazgo y la creatividad, así como un índice de fluctuación de la motivación. Asimismo, se les pidió a todos los participantes que identificaran qué materias querrían estudiar de 52 carreras universitarias. Esta variable se denominó «Licenciatura» y se crearon dos grupos diferentes en función de las preferencias: Ciencia/Tecnología y Humanidades/Ciencias Sociales.

«Dos de cada tres jóvenes en edad de entrar en la universidad no tienen claro qué estudiar, así que hay una necesidad de proporcionar herramientas de información útil», según ha demostrado el profesor García Sedeño y su equipo de investigadores. Los datos recabados vuelven a confirmar que «el sexo del individuo no es una variable importante en la relación entre los rasgos de la personalidad y la preferencia general por el tema de estudio universitario». Los investigadores sociales suelen relacionar la extraversión con la mecánica, la aritmética y la persuasión. O tener una fuerte determinación se relaciona de forma negativa con el factor artístico. El equipo constata que el rasgo de independencia se relaciona de forma negativa con el trabajo persuasivo y el interés por la asistencia social.

Gracias a estudios como éste, las teorías del desarrollo de la carrera profesional se están revisando y se agrupan bajo los conceptos de «madurez profesional» (la capacidad para tomar decisiones sobre la vida en general y sobre la carrera en particular) y «relevancia» (el valor que los individuos atribuyen a cada uno de los papeles que desempeñan en sus vidas).[10] El resultado práctico es que el 40% de los universitarios descubren en su primer año de carrera que no les gusta lo que están estudiando y cada año más de 130.000 jóvenes abandonan voluntariamente los estudios que emprendieron.

> «La Ilustración es la victoria del hombre sobre su propia incapacidad autoimpuesta. La incapacidad es la falta de disposición para pensar sin la dirección de otros. Esa incapacidad es autoimpuesta cuando su causa no es la falta de inteligencia, sino de decisión y de valor para emplear la razón. La Ilustración sólo precisa de libertad, una libertad que significa hacer

uso público de su razón. Porque es vocación de todo ser humano pensar por sí mismo.»

Immanuel Kant (1724-1804), filósofo alemán

«La última de las libertades del hombre es la de elegir ante un conjunto de circunstancias.»

Viktor Frankl (1905-1997), psiquiatra austríaco

Quiero bailar

Billy Elliot (Quiero bailar) es una película británica, dirigida en 2000 por Stephen Daldry, que obtuvo los premios BAFTA a la mejor película del Reino Unido, mejor actor y mejor actriz de reparto, así como tres candidaturas a los Oscar (entre ellas, mejor director y mejor guión original), tres candidaturas a los Globos de Oro, trece a los BAFTA y tres a los premios SAG. El argumento es el siguiente: Billy Elliot (Jamie Bell) es un niño de 11 años, hijo de un minero, que vive en el norte de Inglaterra. Estamos en 1984, en plena huelga de los mineros británicos. La vida de Billy cambiará para siempre al conocer a la Sra. Wilkinson (Julie Walters), que da clases de ballet en el gimnasio donde él intenta aprender a boxear. Pronto Billy se encuentra inmerso en el mundo del ballet, para el que demuestra tener un talento natural. Sin embargo, su padre y su hermano mayor, miembros del sindicato de mineros, no están de acuerdo con que Billy se dedique a bailar y no a boxear. Su familia debe apoyarle económica y afectivamente, y al final lo hacen, gracias a lo cual Billy Elliot podrá alcanzar sus sueños y cambiar las vidas de los que le rodean. La IMDB (base de datos internacional de películas) otorga a esta cinta un 7,7 sobre 10.

—Tutor: ¿Qué sientes cuando bailas?

—Billy Elliot: No lo sé. Me siento bien. Empiezo rígido, y cuando me pongo a bailar, me olvido de todo. Y… es como desaparecer. Como si sintiera un cambio en todo mi cuerpo. Como si sintiera fuego en el cuerpo. Volar como un pájaro. Como electricidad. Sí, como electricidad.

De la película *Billy Elliot*

El bloguero *Vivoleyendo*, de Huelva, apuntaba en la web de Filmaffinity sobre *Billy Elliot*: «Emotivo y duro drama (porque de comedia tiene más bien poco, no sé si compartirán mi opinión) que nos habla del aplastante peso de las presiones socioculturales, las cuales a menudo van en contra de los sueños individuales de algunas personas. Es la historia de Billy Elliot, un niño que reside en un pueblo minero, que es hijo y hermano de mineros y en cuya familia la tradición minera probablemente venga desde generaciones atrás. En el entorno rudo en el que se ha criado, parece que su única alternativa es acabar siendo minero o boxeador (cosas que él en el fondo detesta). Pero comienza a hacer realidad sus plegarias secretas cuando asiste a escondidas a unas clases de ballet en las que él es el único varón. Billy ha descubierto que lo único que lo hace sentirse feliz y realizado es el baile, disciplina para la cual él está excepcionalmente dotado. Por supuesto, sus deseos chocarán frontalmente con los prejuicios de su padre y de su entorno. Su padre es un modesto minero viudo que atraviesa por graves problemas, ya que la mina está en huelga y hay riesgo de muchos despidos. Ante tal panorama amenazador, el ballet se perfila como algo imposible y vergonzoso, algo impensable para el hijo de un rudo y machote minero que considera (como casi todo el mundo) que el ballet sólo es una afición para chicas, impropia de hombres. Pero Billy no concibe otro futuro que no sea el ballet, que ama como a su propia sangre. ¿Cómo podrá perseguir su sueño ante tanta oposición? Sólo cuenta con dos bazas: su obstinación y su excepcional talento. Verdaderamente bello drama sobre la persecución de un sueño que casi todos condenan por imposible».

Billy Elliott decide, valientemente, seguir a su corazón para dedicarse en cuerpo y alma a la danza. Es la condición necesaria: apostar por la propia vocación. La suficiente es la ayuda de la Sra. Wilkinson, su profesora, su coach, que le sirve de forma inestimable para desarrollar su talento. Sin el coaching de su maestra, Billy Elliot no habría llegado a bailar al máximo nivel.

«Los docentes deben ser los gestores del talento de sus alumnos. Con el coaching, el estudiante se siente considerado, escuchado, útil, se aumenta su autoestima y se le motiva para dar lo mejor de sí mismo.»

Ana Embid Segura,[11] coach ejecutivo

En 2005 se estrenó en el West End de Londres *Billy Elliot*, el musical basado en la película, con música compuesta por sir Elton John y letra de Lee Hall (que escribió también el guión de la película). Candidato a nueve premios Laurence Olivier, obtuvo cuatro ellos (los de mejor nuevo musical, mejor actor, mejor sonido y mejor coreografía). El 13 de noviembre de 2007 se estrenó en Sídney la versión australiana, que cosechó el premio de 2008 al mejor musical y siete premios Helpmann. La producción concluyó en Sídney el 9 de noviembre de 2008 y se trasladó a Melbourne el 13 de diciembre de 2008 y se mantuvo hasta el 14 de junio de 2009, con gran éxito. En Broadway, *Billy Elliot* se estrenó oficialmente en el Imperial Theatre el 13 de noviembre de 2008, por el equipo británico original. Obtuvo 15 nominaciones a los premios Tony (récord de un musical, con *Los productores*) y ganó diez. Recuperó en catorce meses la inversión de 18 millones de dólares y continúa, como en Londres, funcionando con gran éxito. Este musical abrió oficialmente en Chicago el 11 de abril de 2010 y concluyó el 28 de noviembre del mismo año. De ahí pasó a Toronto (28 de enero de 2011) y a San Francisco (apertura: 13 de septiembre de 2011). La versión coreana se inauguró en el LG Arts Theater de Seúl el 10 de agosto de 2010. Billy Elliot puede verse en estos momentos en tres continentes y en cuatro países: en Londres, en Broadway, en Toronto y en Seúl.

Una variante de *Billy Elliot* en la era de la globalización es *El último bailarín de Mao* (Australia, 2009), dirigida por Bruce Beresford (*Paseando a Miss Daisy*). Narra la vida (real) de Li Cunxin. A los 11 años, Li vivía con sus padres en una aldea rural del interior de China y fue «seleccionado» por los delegados de la Sra. Mao y llevado a Beijing para estudiar danza clásica. En principio, el ballet no le interesaba demasiado, pero el visionado de un vídeo de Barishnikov le abrió los ojos y despertó su pasión. En 1979, durante un intercambio cultural en Texas, se enamoró de una bailarina americana. Dos años más tarde, desertó de su país (después de un incidente diplomático en el consulado chino en Houston), se quedó en Estados Unidos y se convirtió en el bailarín principal del Houston Ballet y del American Ballet. La de Li Cunxin es la historia de la búsqueda de la libertad en un entorno adverso y del poder de la vocación, con el desarraigo y sacrificios que puede conllevar seguirla.

«Aquí bailo mejor porque me siento más libre.»
Li Cunxin

Modelo de excelencia: Inma Shara

Analizar qué hacen las personas que admiramos nos puede ayudar mucho en nuestro desarrollo.

La catedrática de Ética Adela Cortina comentaba en un artículo reciente, «Universalizar la excelencia», que «el término 'excelencia', al menos en la cultura occidental, nace en la Grecia de los poemas homéricos. Recurrir a la *Ilíada* o a la *Odisea* es sumamente aconsejable para descubrir cómo el excelente, el virtuoso, destaca por practicar una habilidad por encima de la media. Aquiles es «el de los pies ligeros», el triunfador en cualquier competición pedestre. Príamo, el príncipe, es excelente en prudencia. Héctor, el comandante del ejército troyano, es excelente en valor, como Andrómaca lo es en amor conyugal y materno, Penélope, en fidelidad, y así los restantes protagonistas de aquellos poemas épicos que fueron el origen de nuestra cultura».[12]

En este libro nos encontraremos con una decena de «Modelos de excelencia» de nuestra propia cultura, personas referentes a las que conozco de primera mano y que son verdaderamente ad-mirables (nos podemos mirar en ellas). Como están hechas de una pasta especial, se puede aprender mucho de ellas. Yo lo hago.

Respecto a la vocación, un magnífico ejemplo es Inma Shara, considerada por los expertos la mejor directora de orquesta de Europa. Me gusta la metáfora de la directora de orquesta como líder capacitadora.

> «La función de un director de orquesta es animar a los músicos, enseñarles, llevarlos e inspirarlos para que puedan sacar lo mejor de ellos mismos.»
>
> Daniel Barenboim (1942),
> director de orquesta judío de origen argentino

Inmaculada Lucía Saratxaga nació en Amurrio, Álava, en 1972 y a los cuatro años ya se había despertado su enorme amor por la música. En sus propias palabras, «a los 11 o 12 años racionalicé mi dedicación absoluta por y para la música». Discípula del gran Zubin Mehta, entre sus valores destacan la entrega, el compromiso y la disciplina. Ha dirigido a algunas de las mejores orquestas del mundo, como la London Philarmonic Orchestra, la Filarmónica de Israel, la Johnson City Chamber Orchestra, la Orquesta Sinfónica Nacional Checa, la Orquesta Sinfónica Nacional Rusa, la London Royal Philarmonic, la Sinfónica de Roma, la Orquesta Sinfónica Nacional de Taiwán, la Sinfónica de Milán, la Orquesta de la Suisse Romande, la Sinfónica de Lituania, la Sinfónica Nacional de Letonia, la Sinfónica Nacional de Ucrania, etc. Desde octubre de 2007, Inma Shara es la imagen mundial y embajadora de la marca de relojes suizos Voucheron Constantin. En diciembre de 2008 dirigió en el Vaticano ante S. S. el papa Benedicto XVI el Concierto conmemorativo del 60º aniversario de la Declaración Universal de los Derechos Humanos (es la primera mujer que dirige un concierto en la Santa Sede). Ha sido galardonada con el premio a la Excelencia Europea por su proyección internacional y su aportación a la música clásica. Inauguró el Xacobeo 2010 con la Orquesta Sinfónica Nacional Checa interpretando la «Melodía de Mondariz», pieza creada por ella misma. Es «Embajadora Honoraria de la Marca España» y fue invitada por la Comisión

Europea y la SEEI para dirigir el concierto de clausura del día de Europa en la Expo Universal de Shanghái (9 de mayo de 2010), al frente de la Joven Orquesta Europea. Con Sony Music prepara varios proyectos, el primero de los cuales es *La isla de los sonidos*, un libro con un cuento infantil y un CD de música clásica (obras de Mozart, Tchaikovsky, Saint-Saëns, Rossini, Grieg o Strauss con las melodías de *La guerra de las galaxias* o *Piratas del Caribe*) para iniciar en la música de una manera divertida a los más pequeños, que se ha publicado el 23 de noviembre de 2010. «*La Isla de los Sonidos* es una sinfonía hecha realidad interpretada para la difusión de la música clásica —escribe Inma Shara en el álbum—. La presencia de la música y el conocimiento entre los niños es vital para su formación futura como seres humanos, crea verdaderos lazos armónicos y supone una gran alegría de vivir y comprender la vida. En el álbum es la melodía la que, desde la narrativa y la ilustración, nos adentra en el maravilloso mundo de la orquesta.»

He tenido el privilegio de contar con Inma Shara en el curso de verano «Las artes y los creadores de tendencias» (2005) de la Universidad Internacional Menéndez Pelayo que tuve el honor de dirigir; de dar conjuntamente con Inma varias conferencias sobre liderazgo y de disfrutar de su maravillosa forma de dirigir (Inma no «usa» una batuta, ella es la batuta, moviéndose armoniosamente), como en los «Conciertos para la Víctimas del Terrorismo»: su interpretación del Adagio de Barber es conmovedora. Inma es un modelo de vocación a través de la música, el lenguaje universal por excelencia, y su aportación es determinante. Sé que a Inma Shara le gusta en particular esa idea que compartimos de que «la razón guía, pero la emoción moviliza».

«Soy sencilla, pero la orquesta me transforma.» «Dirigir es una entrega física, psíquica y emocional.» «Para mí es una conquista; la música es mi pasión, mi vida y un privilegio poder vivir de ella.» «Si naciese de nuevo, escribiría los mismos pentagramas de mi vida.»

Inma Shara

¿Qué puede hacer un coach por ti?

«Mantén siempre una mente abierta y un corazón compasivo.»
Phil Jackson (1945), mítico entrenador de baloncesto

El coaching te ayuda a abrir la mente, a enriquecer tu corazón y a allanar el camino a los cambios que deseas en tu vida.

Leonardo Wolk llama al coaching «el arte de soplar brasas». Comienza su libro con este título de la siguiente manera: «He visto e interactuado a lo largo de los años con personas inteligentes, brillantes, excelentes profesionales y expertos en su respectiva tarea, que me han consultado porque se sentían atrapados, desmotivados y con sentimientos de incompetencia ante situaciones difíciles y/o alternativas arriesgadas. Uno de mis primeros interrogantes desde el papel de coach es preguntarles cómo se veían en sus inicios profesionales, qué sueños tenían. Muchas veces observo entonces como un fuego sagrado, ojos que se iluminan como brasas de ilusión. Y pienso: ¡eso no se perdió, está!, casi apagado pero, ¡está! El conocimiento, la pasión aún perduran. Por ello me defino y defino al coach como un soplador de brasas. Como un socio facilitador del aprendizaje que acompaña al otro en una búsqueda de su capacidad de aprender para generar nuevas respuestas».[13] Así debe ser.

«La mente no debe llenarse como un recipiente, sino encenderse como un fuego.»
Plutarco de Queronea (46-120), historiador griego

«Trabajo para mantener viva en tu pecho esa pequeña llama de fuego celestial llamada consciencia.»
George Washington (1732-1799),
primer presidente de Estados Unidos

¿Cómo se enciende un fuego? No es una pregunta fácil de responder para los urbanitas, a menos que hayan sido *boys* (o *girls*) *scouts*. Las personas más en contacto con la naturaleza lo tienen muy claro. Para improvisar un fuego, si no disponemos de un mechero o cerillas a mano, hace falta, por una parte, yesca (hierba seca u hojarasca, para que la brasa se propague con facilidad); por otra, un modo de generar una brasa, o bien utilizando una lente (una lupa, unas gafas, una cámara, unos prismáticos) o bien friccionando un pedernal o una piedra dura con un cuchillo; y, finalmente, soplando para que la brasa no se consuma. Para promover cambios importantes, el coaching apalanca sobre las fortalezas y en no pocas ocasiones provoca fricciones dialécticas. En términos de coaching, el coach suele indagar en la trayectoria profesional y vital del pupilo para, a través de preguntas abiertas y silencios elocuentes, inspirarle (como una lente) o pro-vocarle (hacer que extraiga su propia voz, como una fricción) para que, con el plan de acción adecuado, esa brasa incipiente, ese primer puntito rojo avive la llama. Y soplar incesantemente para que la llama no se pierda. Son diálogos, conversaciones profundas, para lograr en el pupilo reflexión y descubrimiento como pasos previos a la acción.

> «Quién me diera una musa de fuego que me transporte
> al cielo más brillante de la imaginación;
> príncipes por actores, un reino por teatro,
> y reyes que contemplen esta escena pomposa;
> que, entonces, belicoso, el propio Enrique V
> el porte adoptaría del dios Marte; a sus pies,
> cual sabuesos sujetos, veríamos al Hombre,
> a la Guerra, al Incendio, ansiosos de actuar.
> Perdonen, sus mercedes, nuestros genios monótonos
> que osan presentaros, en indigno tablado
> objeto de tal talla; ¿puede esta estrecha arena
> acaso contener de Francia el ancho campo? [...]
> Pondremos en acción fuerzas de vuestros sueños.
> Suponed que el recinto de este nuestro teatro
> dé cabida en este ahora a dos grandes naciones [...]
> Que supla vuestro ingenio nuestras imperfecciones.»

2. ¿EN QUÉ TE QUIERES LLEGAR A CONVERTIR?

«Sabemos lo que somos, pero no lo que podemos llegar a ser.»
William Shakespeare (1564-1616), dramaturgo británico

«Trata de ser no un hombre de éxito, sino un hombre de valor.»
Albert Einstein (1879-1955), físico de origen alemán

Proyecto, proyecto, proyecto

¿Es importante anticipar el futuro deseado? Nos lo enseñó el filósofo cordobés Séneca (4-65): «No hay buenos vientos para quien no sabe a dónde va». Y el gato de Cheshire (el gato risón) en *Alicia en el país de las maravillas*: «Si no sabes a dónde vas, ningún camino te llevará allí». Paul Arden, uno de los más renombrados creativos del mundo actual (más de 30 años en publicidad, 15 de ellos en Saatchi & Saatchi), comienza su libro *Usted puede ser tan bueno como quiera ser* con las siguientes palabras: «Pocos ricos y poderosos sobresalen por su simpatía, talento, cortesía, encanto o belleza. Son ricos y poderosos porque querían ser ricos y poderosos. Su idea de dónde quiere llegar o de lo que quiere llegar a ser es su mayor ventaja. Sin tener una meta, es difícil ganar».[14] Hemos de saber lo que queremos para alcanzarlo. Sentido común, pero no práctica común. El conocimiento no es el comportamiento. Si así fuera, el sexto país del mundo en Escuelas de Negocios no sería el 35 en Calidad Directiva y el 42 en Productividad.

En palabras de uno de los mayores genios del Renacimiento, el arquitecto Leon Battista Alberti (1404-1472):

«No se puede tensar el arco sin tener una diana a la que apuntar.»
William Shakespeare (1599),
Prólogo de *Enrique V*

Se trata de obtener fluidez. El doctor Mihály Csíkszentmihályi (1934), actualmente profesor de psicología en la Universidad de Claremont, California, y anteriormente jefe del departamento de psicología de la Universidad de Chicago, obtuvo su licenciatura en 1960 y el doctorado en 1965 (ambos en Chicago), este último con una tesis doctoral sobre «la experiencia óptima». Qué hacemos cuando mejor nos salen las cosas. Qué tienen en común aquellas personas (en las artes, en las ciencias, en la política y la sociedad, en el deporte) que obtienen resultados extraordinarios. Csíkszentmihályi ha denominado a este momento «fluidez» (*flow*, de «*to go with the flow*», dejarse llevar por la corriente). Y lo define como «un estado en el que la persona se encuentra completamente absorta en una actividad para su propio placer y disfrute, durante la cual el tiempo vuela y las acciones, pensamientos y movimientos se suceden unos a otros sin pausa. Todo el ser está envuelto en esta actividad, y la persona utiliza sus destrezas y habilidades llevándolas hasta el extremo».[15] Es una experiencia autotélica, satisfactoria en sí misma, que no necesita de compensación externa. No hay felicidad sin fluidez.

En el lenguaje corriente, algo fluido (cuando hablas un idioma extranjero con soltura o juegas al tenis estupendamente) es algo habitual y fácil. ¿Cómo se obtiene la fluidez? Es probable que el mayor acierto del doctor Csíkszentmihályi, más allá del propio concepto, haya sido encontrar una secuencia, desde el reto a las capacidades. Necesitamos un reto, un desafío, algo emocionalmente atractivo, una meta muy deseable que nos sirva para elevar las propias capacidades, para mejorar, para aprender. La fluidez se sitúa en un canal entre la ansiedad y el aburrimiento. Si los retos superan a nuestras capacidades, nos sentimos estresados, agobiados. Si los retos son demasiado fáciles, por debajo de nuestras capacidades, nos aburrimos. Sólo fluimos cuando los retos son igualados por nuestras capacidades.

La «sensación de fluidez», el estado de gracia, incluye hasta ocho parámetros:

- La integración entre el sujeto y la actividad.
- La concentración en la actividad: la energía mental fluye sin tener que salvar ningún obstáculo.
- La ausencia total de preocupaciones. Es una experiencia autotélica, satisfactoria en sí misma.
- Que no haya diferencias entre pensar y actuar; no se necesita evaluar alternativas.
- El tiempo se distorsiona, haciéndose más rápido o particularmente lento.
- La compensación por motivación interna (disfrute).
- La utilización de las propias capacidades a un límite inesperado.
- Las metas que alcanzar y la información sobre el grado de alcance de los objetivos.

¿Cómo se puede lograr esta experiencia? La fluidez se obtiene practicando yoga, pintando, paseando, escalando, jugando al ajedrez, charlando amigablemente... y, sobre todo, en el trabajo. Csíkszentmihályi desarrolló el «muestreo de la experiencia», utilizando una especie de «busca» que, cada vez que suena, obliga a los participantes a explicar cómo se sienten en términos de fluidez. Con este método se ha obtenido información de centenares de miles de personas en los cinco continentes. En la actividad laboral (aunque no necesariamente «trabajando») se registra el 54% de los momentos de fluidez. En los momentos de ocio, el 18%: incluso los operarios de una cadena de montaje obtienen más del doble de sensaciones de fluidez trabajando que descansando (un 47% frente a un 20%). Durante el ocio pasivo (la televisión, por ejemplo, delante de la cual los españoles pasamos unas cuatro horas diarias, frente a 32 minutos haciendo deporte; o la siesta, que practican diariamente el 34% de nuestros compatriotas) no hay fluidez que valga.

Seth Godin, el gurú del marketing, nos sugiere una serie de alternativas al ocio pasivo:

- Llevar una pequeña tienda en eBay, la web de subastas.
- Escribir un blog diario.
- Escribir una novela.
- Empezar una comunidad virtual sobre tu pasión favorita.
- Ir a conferencias en tu ciudad.
- Ofrecerte voluntario para enseñar a un niño, en persona o por la Red.
- Aprender un nuevo lenguaje, verbal o de programación.
- Escribir manuscritos, notas de agradecimiento cada tarde a la gente que te ha ayudado o que ha hecho un buen trabajo.
- Producir cortos y publicarlos en Internet.
- Escuchar una ópera de entre las mil más importantes.
- Leer uno o dos libros cada tarde.
- Jugar al Scrabble con tu familia.

Godin concluye: «Ninguna de ellas es perfecta. Pero cualquiera de ellas es mejor que ver la televisión». Y apunta la tendencia de Clay Shirky, según la cual las personas con talento utilizan cinco o seis horas al día para su provecho, en lugar de desperdiciarlas como hace el común de los mortales. Lo llama «ventaja cognitiva (*cognitive surplus*) y es una de las historias infravaloradas que está cambiando nuestro mundo».[16]

El futuro y sus enemigos

O tenemos proyecto o no tenemos futuro. La ambición —la sana— es la gasolina que impulsa el vehículo de nuestro talento.

Daniel Innerarity (Bilbao, 1959) es uno de mis filósofos vivos favoritos. El profesor Innerarity es catedrático de Filosofía Política y Social, investigador de Ikerbasque en la Universidad del País Vasco, director del Instituto de Gobernanza Democrática (www.globernance.com) y ha sido profesor en la Universidad de Zaragoza y profesor invitado en La Sorbona. Autor de obras como *Ética de la hospitalidad*, *La transformación de la política* (Premio Nacional de Ensayo), *La sociedad invisible* (Premio Espasa de Ensayo) y *El nuevo espacio público*, en su obra más reciente, *El futuro y sus enemigos*, apuesta por «una política del optimismo y la esperanza en unos momentos en los que se ha debilitado la confianza en el futuro». En esta «defensa de la esperanza política», declara que «todo el sistema político y la cultura en general están volcados sobre el presente inmediato; nuestra relación con el futuro colectivo no es de esperanza y proyecto, sino más bien de precaución e improvisación». Una triste realidad. El profesor Innerarity nos recuerda que para Max Weber la tarea de la política era «gestionar el futuro y responsabilizarse de él». El contexto ha cambiado radicalmente, porque nuestro tiempo se define por «la falta de ambición colectiva de nuestra sociedad, la extenuación del deseo, nuestro miedo difuso, el repliegue sobre los intereses individuales y la carencia de perspectiva». En definitiva, «no es la urgencia la que impide elaborar proyectos a largo plazo, sino la ausencia de proyecto la que nos somete a la tiranía del presente».

Basado en un curso de Daniel Innerarity en la Universidad de La Sorbona en 2007-2008, el texto nos muestra varias «teorías»:

- Una teoría de la justicia generacional (el «presentismo» convierte el futuro en un basurero del presente; «la principal urgencia de las democracias contemporáneas no es acelerar los procesos sociales sino recuperar el porvenir»).
- Una teoría de la aceleración (en sus tres dimensiones: técnica, de cambio social y de ritmo vital; «no hay innovación social sin estabilidad institucional»).
- Una teoría de la prospectiva (de la adivinación al conocimiento; «el futuro es una especulación sobre lo posible, no el conocimiento de algo que necesariamente va a suceder» porque «los seres humanos vinculados con un proyecto concertado tienen una superioridad sobre aquellos a los que no vincula ninguna promesa y carecen de intención», Hannah Arendt, 1958).
- Una teoría de la decisión (hay tres grandes grupos de decisiones: la planificación, el incrementalismo y la impro-

visación; «el tipo de racionalidad que cabe exigir está en función de la complejidad de la situación»).

- Una teoría de la responsabilidad (frente al concepto de «mundo desbocado», de Giddens, o de la «irresponsabilidad organizada», de Beck, hacerse cargo en situaciones complejas; «un concepto renovado de la responsabilidad podría contribuir a desfatalizar el proceso de modernización, de manera que no sea percibido como un reino de poderes incontrolables, sino como un proceso civilizatorio hecho por los seres humanos, en el que nos vemos enfrentados a procesos que se sustraen de nuestro control pero que pueden ser parcialmente regulados»).
- Una teoría de los ritmos sociales («el tiempo mundial del mercado ha entrado en conflicto con el tiempo político de las democracias, el tiempo estratégico de las empresas y el tiempo psicológico de los individuos»; «la cronopolítica resulta más importante que la geoestrategia»).
- Una teoría de la contingencia política («la política ha entrado plenamente en un horizonte posheroico», en un «mundo sin épica», en la era de la desconfianza).

«La sociedad se moviliza menos por proyectos de futuro que por la agitación del pasado», nos enseña el profesor Innerarity. Y aviso a navegantes (políticos): «Creo que buena parte de lo que le pasa a la izquierda en muchos países del mundo es que se limita a ser la antiderecha (...). La izquierda es, fundamentalmente, melancólica y reparadora. Ve el mundo actual como una máquina que hubiera que frenar y no como una fuente de oportunidades susceptibles de ser puestas al servicio de sus propios valores, los de la justicia y la igualdad». «Por decirlo sintéticamente, hoy la derecha es optimista y la izquierda pesimista. Tal vez el antagonismo político se articule directamente más como disposición emocional que como proposición ideológica.»[17]

«Lo esencial es valorar la información, abandonar los lugares comunes, formular otras preguntas.» «El saber de mayor utilidad no es el que se refiere a una utilidad inmediata o sectorial, sino el que permite hacernos una idea general de lo que va a suceder y gracias a lo cual podemos poner en marcha operaciones tan importantes como anticipar, prevenir, favorecer o asegurar.» «Esa dimensión crítica de la interpretación la hemos aprendido en el cultivo de eso que llamamos humanidades, que son, por cierto, la mejor educación para la ciudadanía.»

Daniel Innerarity (1959), «La sociedad de los intérpretes»,
16 de noviembre de 2010

«Una utopía es para tensar, desde el futuro, un presente amarrado a su pasado.»

Jorge Wagensberg (1948), investigador español

¿Tienes un futuro al que quieres dirigirte o vas a «consumir» el destino que te marquen otros?

Un hombre y su sueño

Tucker, un hombre y su sueño (1988) es una magnífica película de Francis Ford Coppola que narra la vida del empresario Preston Tucker. Tras la Segunda Guerra Mundial, Tucker (interpretado por Jeff Bridges) tiene el sueño de producir los mejores coches que se hayan hecho jamás. Con la inestimable ayuda financiera de Abe Karatz (Martin Landau) y su propio talento comercial, consiguió los fondos suficientes para levantar su fábrica y construir un coche más seguro y cómodo que los de la industria de la época. El *lobby* de Detroit trató de destruirle y lo consiguió, pero aún circulan decenas de Tuckers (46, de los 50 que construyó), uno de los cuales es propiedad de Coppola. La película, basada en una historia real, es una metáfora de los esfuerzos de este gran director por construir su propio estudio frente al poder de Hollywood.

«El coche del mañana... hoy.»
Lema de Tucker

El 26 de febrero de 2009 (año europeo de la creatividad y la innovación) se celebró un Cine Fórum Empresarial APD en el Museo Guggenheim de Bilbao con la película *Tucker, un hombre y su sueño.* El tema era «La innovación como respuesta a la adversidad»; asistieron unos 200 profesionales y en el debate posterior a la película, moderado por un servidor, participaron Bixente Arrieta, consejero delegado de Ixo Grupo (Restaurante Mugaritz, Restaurante Guggenheim de Bilbao), Belén Frau (directora del IKEA de Bilbao) y Txema Villate (director general de Innobasque). Durante la charla, utilizando la metáfora del coche (un vehículo que quiere llegar a su destino, sea una persona, un equipo, una empresa o una economía productiva, competitiva, desarrollada), destacamos que:

- No hay innovación con miedo (con el freno de mano puesto). El miedo, individual y/o colectivo, impide que las personas nos atrevamos a innovar.
- No hay innovación sin una hoja de ruta (el mapa). Sin estrategia, las soluciones más o menos ingeniosas no se pueden implantar adecuadamente. Hace falta que la visión de futuro, la misión y los valores de la empresa se concreten en un mapa estratégico.
- No hay innovación sin foco (los faros). Se trata de determinar las prioridades, que están basadas en creencias arraigadas.
- No hay innovación sin liderazgo (el volante). El liderazgo marca la pauta y genera un clima de satisfacción, rendimiento y desarrollo.
- No hay innovación sin motivación, sin entusiasmo (la gasolina). Es la voluntad individual y colectiva de marcar la diferencia.
- No hay innovación si no aceleras. La duda mata las ideas y las empresas. No es el pez grande el que se come al pequeño, sino el rápido al lento.
- No hay innovación sin un clima apropiado (la comodidad del coche). La innovación requiere de un clima laboral adecuado.

- No hay innovación sin rodaje (las ruedas del coche). Es la clase creativa, con cualidades como la autoconfianza, la iniciativa, el trabajo en equipo, el autocontrol, la integridad y el servicio al cliente.
- No hay innovación si sólo miras por el espejo retrovisor, si estás añorando el pasado y no pensando en el futuro y trabajando por él.

«Pensar diferente para hacer diferente y hacer diferente para pensar diferente. No debería preocuparnos demasiado qué fue primero, lo importante es pensar y hacer.»

José Luis Larrea (1956), presidente de Ibermática

Otra película que suele utilizarse en el coaching ejecutivo (y en los cursos de liderazgo de la Escuela de Negocios de Harvard) es *Almas en la hoguera* (*Twelve O' Clock High* es su título original), dirigida por Henry King en 1949, apenas cuatro años después de terminada la Segunda Guerra Mundial. Protagonizada por Gregory Peck, narra las circunstancias adversas de la escuadrilla 911, también conocida como la «escuadrilla de la mala suerte», por la gran cantidad de bajas de sus pilotos y la incapacidad para cumplir sus objetivos. En realidad, sufre de «sobreidentificación con la tropa» por parte de su jefe, el teniente coronel Gateiy. El general Pritchard decide relevarlo y poner en su lugar al general Frank Savage (Gregory Peck), que ha de anteponer la orientación a la tarea sobre la orientación a su gente. Lo hace utilizando un amplio abanico de comportamientos directivos, desde mandar (cuando conviene, transmitiendo instrucciones precisas) a entrenar, pasando por orientar, cohesionar, pedir participación o mostrarse él mismo como ejemplo. Con el estilo de liderazgo adecuado, genera un clima de alto rendimiento que hace que la cuadrilla recupere su orgullo.

«Creo que hasta cierto punto, un hombre crea su propia suerte.»

General Ben Pritchard, en la película *Almas en la hoguera*

Modelo de excelencia: María Benjumea

¿Se nace emprendedor o uno se hace? En realidad, a emprender uno aprende (más bien, «se prende», queda presa) si uno quiere, si lo descubre.

María Benjumea Cabeza de Vaca es una excelente empresaria (aunque ella prefiere el término «emprendedora»), fundadora de Infoempleo. Licenciada en Geografía e Historia, se convirtió en emprendedora al fundar Círculo de Progreso, el germen de lo que hoy es Infoempleo. También es creación suya el Programa Lidera de la Comunidad de Madrid, un éxito espectacular por el que se han desarrollado miles de mujeres madrileñas. María ha recibido el Premio Mujer Empresaria 2007 de la Comunidad de Madrid y el Premio Clara Campoamor 2009 del Ayuntamiento de Madrid, otorgado en el Día Internacional de la Mujer Trabajadora, «porque con su esfuerzo, inteligencia y carácter emprendedor es un modelo y un ejemplo a seguir». María Benjumea es una firme convencida de que «la empresa necesita y debe apostar por el talento».

María es una gran amiga de sus amigos, como nos demuestra siempre. Un buen ejemplo son las excelentes presentaciones, cariñosas e innovadoras, que ha hecho de los dos últimos libros de nuestro querido Mario Alonso Puig, *Vivir es un asunto urgente*, el 6 de noviembre de 2008, y *Reinventarse. Tu segunda oportunidad*, el 7 de junio de 2010. Es optimismo, alegría, entusiasmo por la vida.

> «Somos unos privilegiados, por el momento y el lugar en el que nos ha tocado vivir.»
>
> María Benjumea, empresaria y emprendedora

¿Qué puede hacer un coach por ti?

El coach debe ser un «auditor» de sueños. Te ayuda a comprobar cuáles son tus metas (y a hallarlas, si no las tienes claras). Te ayuda a diferenciar una meta (un horizonte, en términos positivos, visualizables, emotivos) de un objetivo (que debe ser medible, ambicioso y realista, temporal y específico), de los indicadores para comprobar su cumplimiento y de los hitos mes a mes (objetivos de comportamiento) para alcanzarlos. Hace posible que tus sueños te emocionen (que los objetivos se conviertan en valiosos retos) y se pongan en marcha para convertirse en realidad. Una famosa reflexión de Lawrence de Arabia es: «Existen dos clases de hombres: aquellos que duermen y sueñan de noche y aquellos que sueñan despiertos y de día..., ésos son peligrosos, porque no cederán hasta ver sus sueños convertidos en realidad». Thomas Edward Lawrence (1888-1935) sabía muy bien lo que decía. Como militar, arqueólogo y escritor, alcanzó cotas insospechadas y ha pasado a la historia de los grandes aventureros.

> «Para abordar cualquier objetivo, debemos adquirir un compromiso y preguntarnos '¿Qué puedo hacer para que esto ocurra?'. Después hay que actuar.»
>
> Edurne Pasabán (1973), alpinista española,
> la primera mujer en escalar los 14 ochomiles

Con un espejo que trabaje contigo en confidencialidad y plena confianza, las cosas son más fáciles. Necesitamos soñar (y dormir) para seguir vivos. En palabras del comunicador argentino Ari Paluch (1962): «Un sueño fuera de lo común requiere de una fe fuera de lo común». Alguien debe, desde fuera, desafiarnos, transmutar una fe por otra, más potente, más poderosa. Dialogando con nosotros, debe ayudarnos a clarificar lo que queremos, a estimularnos para que hagamos todo lo posible para conseguirlo, a sentirnos más responsables de nuestro presente. Debe ayudar a emocionarnos (movilizarnos, dinamizarnos) por la ruta más conveniente para llegar a la meta que nos proponemos explícitamente.

3. ¿CÓMO VAS DE AUDACIA?

«El coraje es la virtud del comienzo.»
Francesco Alberoni (1929), sociólogo italiano

«¿No ha de haber un espíritu valiente?
¿Siempre se ha de sentir lo que se dice?
¿Nunca se ha de decir lo que se siente?»
Francisco de Quevedo (1580-1645), escritor español

VALENTÍA, AUDACIA, ATREVIMIENTO

Lo sabemos: la fortuna sonríe a los audaces. En el libro X de *La Eneida*, hace más de 2.000 años, ya escribía el poeta Virgilio (70-19 a. C.): «Audentes fortuna iuvat». La fortuna sonríe a los audaces. Somos los causantes de nuestra buena suerte cuando damos el paso y nos atrevemos a perseguir nuestros sueños.

Sin proyecto no hay valentía. «Los proyectos actúan a la manera del barón de Münchhausen, que se sacó a sí mismo y a su caballo de un pantano, tirándose hacia arriba de la cabellera. Bien se ve que esta historia es una parábola de la enigmática determinación de la inteligencia», tiene escrito José Antonio Marina en su *Teoría de la inteligencia creadora*.[18] Necesitamos proyectos, que surgen a partir de un diálogo, para salir de la zona de comodidad en la que preferimos seguir instalados.

Valiente, que proviene del latín, del verbo «valer», es la persona esforzada, animosa y de valor. Audaz es el osado y atrevido (que proviene de «atribuirse», asumir riesgos). El coraje (quien actúa de corazón) encuentra numerosos sinónimos, además de los anteriores: brío, decisión, denuedo, empuje, energía, firmeza, garra, intrepidez, nervio, potencia, resolución, ímpetu, acometividad, aliento, agallas, arrojo, bravura, redaños, arrestos... Está muy presente en el diccionario, en el discurso, pero bastante menos en la vida real.

En general somos poco audaces porque nuestro cerebro es «tramposo», como diría el profesor de Harvard Daniel Gilbert en su libro *Tropezar con la felicidad*. El cerebro racional prefiere lo malo conocido que lo bueno por conocer, se autojustifica en su complacencia, y se pierde un montón de posibilidades que están al otro lado de su espacio de confort.

Por otro lado, solemos creer que la valentía (y todos sus sinónimos) es lo contrario de la cobardía, y éste es un craso error. Aristóteles nos enseñó que la mayor parte de las virtudes se sitúan en el término medio entre dos extremos. En el caso de la valentía (la *andreía* griega), se encuentra equidistante entre la cobardía (la falta de ánimo y valor) y la temeridad (la imprudencia excesiva respecto al peligro). La persona valiente siente miedo, pero se sobrepone a él. En la valentía, como en la templanza o en la justicia, no hay exceso ni defecto. Es una virtud que conviene cultivar.

«Para ser feliz hay que ser valiente.»

Mariana Orozco,[19] profesora,
directora de Educación Universal

No nacemos valientes, temerarios o cobardes..., nos hacemos valientes, si queremos. La valentía se forja. ¿Cómo desarrollar la valentía? Las personas hemos de ser muy conscientes de lo que vale la pena (el valor de reconocer nuestros valores) y hacer crecer nuestra autoestima (la capacidad de querernos a nosotros mismos) y nuestra autodignidad (la capacidad de defender nuestros derechos, empezando por el de disfrutar de nuestros dones naturales, de poder aprovechar nuestro talento). Autoestima y autodignidad son las bases de la autoconfianza, la seguridad en nosotros mismos. Proyecto, valores, autoestima y autodignidad son el «póker de ases» que nos conduce hacia el coraje.

Como dice Bebe en su canción «Palabra de mujer»: «Hoy vas a ser la mujer que te dé la gana de ser. / Hoy te vas a querer como nadie te ha sabido querer. / Hoy vas a mirar pa´lante, que pa´tras ya te dolió bastante. / Una mujer valiente, una mujer sonriente mira cómo pasa. / Hoy vas a descubrir que el mundo es sólo para ti. / Que nadie puede hacerte daño, nadie puede hacerte daño. / Hoy vas a conquistar el cielo sin mirar lo alto que queda del suelo. / Hoy vas a ser feliz aunque el invierno sea frío y sea largo, y sea largo. / Hoy vas a conseguir reírte hasta de ti y ver que lo has logrado».

La acción es el gran antídoto del miedo. José Antonio Marina, nos propone en su obra *Anatomía del miedo* algunas pautas de conducta, en línea con expertos como Ellis y Beck (creadores de la terapia racional emotiva conductual): «Debilita a tu enemigo (el miedo). Critica las creencias en que se basa [...]. Búrlate de él. Desarrolla el sentido del humor para desactivarlo. Aprovecha todo lo que sabes para hacerle daño. Y sabes dos cosas al menos. Primera: que las técnicas para desprestigiar el estímulo peligroso son la desensibilización imaginaria o real. Exponerse gradualmente, en vivo o en imagen. Segunda: que las creencias erróneas son el caballo de Troya del que se sirve el miedo para entrar dentro de ti. Hay que detectar esas creencias, criticarlas, discutirlas, arrinconarlas y, cuando estén lo suficientemente debilitadas, darles una patada en el culo —porque las ideas también tienen trasero— y sustituirlas por otras creencias adecuadas para vivir». ¿Sentido común? Por supuesto, pero no práctica común. Marina considera (y un servidor con él) que la valentía es el origen de la ética, porque sobrepasa un poderoso sentimiento como es el miedo para que uno haga lo que cree que tiene que hacer.

La valentía es responsabilidad para con uno mismo y con nuestros semejantes. «Si la dignidad implica libertad, no podemos abdicar de nuestra libertad, por ejemplo mediante las adicciones o la cobardía; si la dignidad implica conocimiento, no podemos permanecer en la ignorancia; si la dignidad implica rechazar la tiranía, no podemos claudicar ante nuestros tiranos interiores», sostiene Marina. Me encanta la definición de nuestro querido filósofo, según la cual «valentía es librarnos de nuestros hábitos tiranos a través de la acción».[20]

> «Si tienes una idea, hazla. Es más fácil pedir perdón que pedir permiso.»
>
> Santa Teresa de Jesús (1515-1582), doctora de la Iglesia

El héroe de niños y jóvenes

Desde la aparición en 1997 de *Harry Potter y la piedra filosofal*, la saga escrita por la británica J. K. Rowling (siete novelas fantásticas que relatan la estancia de Harry y sus amigos, Ron Weasley y Hermione Granger, en el Colegio Hogwarts de magia y hechicería) se ha convertido en uno de los mayores éxitos literarios de todos los tiempos. Se han vendido más de 400 millones de copias y se ha traducido a 65 idiomas. El valor de la marca «Harry Potter» es de unos 15.000 millones de dólares y ha colocado a Rowling como la primera escritora que ha logrado ingresos superiores a 1.000 millones de dólares.

En 1999, Warner Bros. adquirió los derechos para adaptar los libros a una serie de películas. La primera, *Harry Potter y la piedra filosofal*, se estrenó el 4 de noviembre de 2001, y la última, la segunda parte de *Harry Potter y las reliquias de la muerte*, el 15 de julio de 2011. Toda una década disfrutando de las aventuras del joven mago con la marca del rayo en la frente.

¿De qué va Harry Potter? ¿Cuál es el motivo de su éxito? Esencialmente, de la valentía como aprendizaje y del aprendizaje como valentía. Tom Morris, profesor de filosofía que logró un gran éxito con el libro *Si Aristóteles dirigiera la General Motors*, considera que la saga de Harry Potter no tiene que ver con la magia, sino con la virtud y con el conocimiento. En su obra posterior, *Si Harry Potter dirigiera la General Electric*,[21] analiza la filosofía del estoicismo (Séneca, Marco Aurelio) que subyace en estas exitosas novelas. Podemos diseccionar el aprendizaje que nos proporciona Harry Potter en diez bloques:

A. El liderazgo de Ambus Dumbledore, el director de Hogwarts, tan diferente del «ordeno y mando» que hemos sufrido los *baby boomers* (nacidos antes de 1970) y la Generación X (nacidos entre 1970 y 1981). Las generaciones Y y Z (los que han nacido entre 1982 y 1992 y de 1993 a 2004, respectivamente) prefieren (incluso necesitan) un tipo de líder diferente, un liderazgo capacitador, de persona sabia que consigue que sus alumnos den lo mejor de sí mismos. Dumbledore es una figura aristotélica (como el filósofo de Estagira, que fue «coach» de Alejandro Magno), con un *look* muy leonardesco. Es para Tom Morris la encarnación de la nobleza, la bondad, la destreza, la sabiduría, la inteligencia y la opinión sólida. Es un ejemplo vivo de valentía, templanza, liberalidad, magnificencia, orgullo, buen humor, simpatía, veracidad y justicia. Su buen carácter inspira confianza, respeto y lealtad. Dumbledore es maestro, modelo, instructor, colaborador y motivador: un coach en toda la extensión de la palabra.

B. La segmentación de las casas: Gryffindor (el Grifo de Oro, la casa de Harry Potter y sus amigos Hermione y Ron), Slyhterin (la de la serpiente, la de Draco Malfoy), Ravenclaw (la de los muy inteligentes) y Hufflepuff (los justos y leales). Los cuatro elementos (fuego, aire, tierra y agua), los cuatro colores del parchís, las cuatro energías (física, mental, emocional y espiritual)...

C. La figura de Harry Potter en el desarrollo de su valentía. Tom Morris, en la citada obra, nos recomienda cinco pasos para alcanzar la valentía:

1. Prepárate para el desafío: La preparación proporciona competencia y confianza, que son esenciales para el éxito. Con frecuencia la preparación es lo que separa la valentía de la temeridad.
2. Rodéate de apoyos: Casi nada lo puede conseguir uno solo, entre otras cosas porque somos malos jueces de nosotros mismos (somos complacientes o autocríticos en

exceso). Necesitamos modelos, apoyo y asistencia de otras personas para fortalecernos.
3. Comprométete con el diálogo interior positivo: El lenguaje no es neutral. Si es positivo, nos dota de fe y de optimismo. Nos ayuda en la convicción y alimenta el esfuerzo necesario.
4. Céntrate en lo que está en juego: El foco combate la inercia. Nuestra misión, nuestra visión de futuro, apelar a nuestros valores marca la diferencia.
5. Emprende las acciones apropiadas: Se trata de actuar, no sólo de hablar, de pensar, de sentir… Es la ejecución la que determina el resultado.

«Si no explotas a fondo tus virtudes, tu vida será miserable», se enseña en *Harry Potter y el prisionero de Azkaban.*

D. La amistad, que va en tríos: el de Harry, Ron y Hermione (la listilla, trasunto de la propia J. K. Rowling); el de los malvados (Malfoy y sus lacayos), el del entorno familiar hostil (la tía Petunia, su marido y su hijo), el de Dumbledore y sus colaboradores.

E. Los dementores son seres putrefactos, cubiertos por una capa y de gran estatura. Su cara está oculta por una capucha, y su mano es gris, viscosa y con pústulas. Los dementores no tienen alma. Hasta 1998, los dementores son los carceleros de Azkaban, que absorben la esperanza y los sentimientos positivos. En el pasado, estaban aliados con los magos tenebrosos. En teoría, un dementor sólo puede desplazarse a otro lugar que no sea la prisión de Azkaban con una orden del Ministerio de Magia. En casos extremos, con permiso del Ministerio de Magia, el dementor puede dar el beso de la muerte, que aspira completamente toda el alma de la persona, dejándola como un caracol vacío. Los dementores pueden volar. Congelan con su presencia allá a donde van. No se puede destruir un dementor, pero sí limitar su número erradicando las condiciones en las que se multiplican, como la desesperación y degradación. Son una tenebrosa metáfora de la depresión, que J. K. Rowling había sufrido con anterioridad a escribir los libros de Harry Potter.

F. Draco Malfoy Black (Draco viene de «dragón» y «malfoi», mal fario) simboliza la arrogancia y el individualismo. Su padre, Lucius Malfoy, es uno de los mortífagos al servicio de Voldemort. Es astuto, presume de «pureza de sangre» y habla de forma arrastrada, mostrando su arrogancia. Odia a Harry Potter y su rivalidad está presente en toda la saga.

G. Hogwarts es un atractivo modelo de *learning organization*, de organización en aprendizaje. Una institución en la que los alumnos comparten conocimiento y lo ponen en práctica. Es lo que he llamado en varias ocasiones «un entorno leonardesco», por oposición a las fábricas tayloristas:

- Curiosidad en lugar de conformismo.
- Vocación en lugar de apatía o desinterés.
- Aprendizaje en lugar de imitación.
- Iniciativa en lugar de reactividad.
- Dinamismo en lugar de inmovilismo.
- Maestría en lugar de inexperiencia.
- Reputación en lugar de demagogia.
- Legado en lugar de cortoplacismo.

H. Lord Voldemort, el no nombrado. Descendiente de Salazar Slytherin, es el asesino de los padres de Harry Potter. Ansía la inmortalidad y la pureza de sangre. Simboliza el miedo, la emoción más frecuente en nuestra sociedad. Los animales reaccionan al miedo con tres únicos tipos de respuestas: bloqueo, lucha o huida. Los seres humanos, adecuadamente entrenados, podemos enfrentarnos a nuestros mayores temores y superarlos, desde la anticipación, la mentalización, el aprendizaje de la serenidad y la apuesta decidida por nobles ideales.

I. El amor de una madre. Lilly Potter, la madre de Harry, es una referencia permanente en la vida del joven mago. Sacrifica su vida para que Lord Voldemort no acabe con Harry Potter cuando tiene un año. «El trabajo y el servicio son el amor hecho visible», Khalil Gibran.

J. Las decisiones y la libertad. «El destino es el que baraja las cartas, pero nosotros somos los que las jugamos», William Shakespeare. Harry Potter y sus compañeros han de superar obstáculos con su convicción, su decisión, su esfuerzo. Harry aprende de su maestro Dumbledore (en *Harry Potter y la cámara de los secretos*) que «son nuestras elecciones las que muestran lo que realmente somos, más que nuestras capacidades».

«El hombre sabio crea más oportunidades de las que encuentra.»

Francis Bacon (1561-1626), filósofo inglés

En la cuarta entrega de la saga, *Harry Potter y el cáliz de fuego*, se celebra la Copa del Mundo de Quidditch en la sede de Hogwarts. Participan los tres colegios de magia más prestigiosos: la Academia Beauxbatons, el Instituto Durmstrang y los anfitriones. Víctor Krum tiene como «coach» a Igor Karkaroff, director del Instituto Durmstrang; Fleur Delacour cuenta con su profesora, Madame Maxime y Cedrid Diggory con su padre. El «coach» de Harry Potter es Ojoloco Moody, el nuevo profesor de defensa contra las artes oscuras de Hogwarts. Cuenta con un ojo giratorio que le permite ver más que los demás y ayuda a Harry de forma decisiva en el torneo de los tres magos, que en realidad son cuatro por la decisión del Cáliz de fuego. Moody, como «coach», no le aporta nuevos conocimientos, sino que le impulsa a nuevos comportamientos. Como consecuencia, Harry Potter, el contendiente más joven del torneo, se hace con la Copa.

Más allá de los libros y las películas, el universo de Harry Potter se ha convertido en un parque temático. «The Wizarding World of Harry Potter» (El Mundo mágico de Harry Potter) es una sección del parque temático Islands of Adventure de Universal Orlando Resort, en Florida, Estados Unidos. Fue inaugurado el 18 de junio de 2010. Tan sólo dos meses después, había alcanzado el millón de visitantes.

> «Los cuatro factores de éxito de la marca Harry Potter, la tercera saga más vendida de la historia tras la Biblia y los pensamientos de Mao, son la Narrativa (es la culminación del *storytelling*), la Ambigüedad, el Misterio y el Entretenimiento. (...) Harry Potter simboliza la actual economía del entretenimiento. NAME, *the name of the game* (el nombre del juego).»
>
> Stephen Brown, experto en marketing

Modelos de excelencia: William Rodríguez

Los héroes están más cerca de lo que nos creemos.

Mi amigo William Rodríguez es un héroe nacional. Nacido en Puerto Rico en 1961, William llegó a Nueva York con la esperanza de mejorar su vida como ilusionista (es un mago muy bueno), pero no lo consiguió. Se pasó diez años limpiando la oficina del gobernador de Nueva York y otros diez trabajó barriendo las escaleras de la Torre Norte (110 pisos) del World Trade Center.

El 11 de septiembre de 2001, William Rodríguez llegó media hora tarde y eso le salvó, porque solía desayunar a las 8 con sus amigos en lo alto del edificio. Estaba en los sótanos de la Torre Norte con su supervisor a eso de las 8.30 de la mañana cuando escucharon una fuerte explosión: el techo se derrumbó y comenzó a caer agua. Vio a un hombre gritando, con las manos extendidas, de las que colgaba su piel, arrancada desde las axilas hasta los dedos. William cogió unas toallas para envolverlo. Entonces sonó la segunda explosión, desde lo alto del propio edificio. Inicialmente, sacó a las 15 personas que estaban en esa oficina del World Trade Center. Como era la única persona del edificio con la llave maestra que abría las puertas que conectaban las escaleras con las plantas, lideró a los bomberos que salvaron la vida a cientos de personas (en el piso 33 había una señora paralizada; en el 39, un parapléjico al que también salvó). Con gran riesgo de su vida, volvió a entrar en el edificio hasta tres veces después de la explosión del avión en la parte alta de la segunda torre, y se cree que fue la última persona en salir con vida del edificio. Se lanzó bajo un camión de bomberos, estuvo bajo los escombros durante cuatro horas y sobrevivió milagrosamente al colapso de la Torre Norte (justo después de que lo sacaran, los neumáticos del camión estallaron). Tras recibir atención médica en la misma zona cero, se quedó como voluntario el 11-S y los días siguientes. Perdió su trabajo, tuvo que vivir debajo de un puente durante meses, y se dedicó a defender los derechos de las víctimas: 2.274 inmigrantes que no fueron contados porque no tenían papeles. Recaudó más de 120 millones de dólares para esas víctimas a las que las autoridades no hicieron caso. Desde Hollywood le ofrecieron hacer una película sobre su vida, pero declinó la invitación («¿Una gringada que me hubiera sacado de la calle, pero vendiendo mi alma?»). Como consecuencia de aquel atentado terrorista, conoció a su mujer, reportera, y tienen dos hijos. Actualmente es el presidente de la Asociación Hispana de Víctimas del Terrorismo, la más importante del país. William Rodríguez es un gran conferenciante, un caso vivo de superación de las adversidades, con el que he tenido el privilegio de compartir reflexiones sobre la valentía (por ejemplo, en el Salón Capital Humano), de cenar en Casa Lucio y de dialogar largo y tendido sobre la dignidad humana.

William Rodríguez pasó de agnóstico a creyente cuando le sacaron de los escombros. En sus palabras, aprendió «que ante las dificultades debes mantener tu visión de lo que es correcto, que la compasión humana es más duradera que la violencia, que ayudar a los demás te sana. Si me hubiera encerrado en mi dolor, ahora estaría recibiendo ayuda psicológica». La empatía le surgió «de la desesperación. El que lavaba platos murió igual que el directivo, pero a una familia le daban tres millones de dólares de indemnización y a la familia del lavaplatos, 100.000 dólares. No era justo».[22]

En una ocasión, estando en Madrid para una conferencia conjunta, invité a William Rodríguez a una reunión en el Círculo de

Bellas Artes en homenaje al difunto guionista Rafael Azcona. En un cóctel, estaba el presidente del Gobierno, José Luis Rodríguez Zapatero, junto con su esposa Sonsoles. William me dijo: «Voy a saludar al presidente». Increíblemente, superó el control de seguridad (dijo que era el último superviviente del 11-S y le creyó), y allí estábamos los cuatro solos hablando de terrorismo y de cómo prevenir esto en el futuro. Después William me dijo: «Con George W. Bush es algo más difícil». Realmente es un tipo valiente, de convicciones profundas, que cree que «vive de prestado».

¿Qué puede hacer un coach por ti?

Es mucho menos difícil educar la valentía si cuentas con un coach.

Hemos visto el efecto que en el joven mago Harry Potter provocan «coaches» como el director de Hogwarts, Albus Dumbledore, y el profesor de Hogwarts Ojoloco Moody. Un ejemplo aún mayor es el del primer coach ejecutivo de la historia occidental, Aristóteles de Estagira con Alejandro Magno.

Alejandro Magno (356-323 a. C.) es sin duda uno de los grandes personajes de la historia: rey a los 20 años, desde Macedonia unió toda Grecia, conquistó Asia Menor, Egipto, Mesopotamia, Persia, Afganistán..., e invadió India, dominando el 90% del mundo conocido. Batalló durante más de una década, recorrió más de 35.000 kilómetros, fundó decenas de ciudades y triunfó en 70 batallas, cuatro de ellas épicas (Gránico, Iso, Gaugamela e Hidaspes), sin sufrir ni una sola derrota. Se dice que conocía por el nombre a 10.000 de sus soldados y, aunque fue herido en innumerables ocasiones, siempre rechazó la ayuda médica. Murió un mes antes de cumplir 33 años, en la cima de su gloria, transformando la historia para siempre.

Cuando Alejandro cumplió los 13 años, estaba en condiciones de recibir educación superior. Dado que Atenas se había convertido en país enemigo, tenía que cursarla en su polis natal, Macedonia. Su padre, Filipo II, contrató al hombre más sabio de la época: Aristóteles de Estagira. Si bien Sócrates puede ser considerado el primer «coach» de Occidente, y Platón propugnaba la doctrina del filósofo rey, Aristóteles fue el primer desarrollador del talento de quien hoy consideraríamos un gran ejecutivo. «Seguramente la ardiente imaginación de Alejandro encontró en él a un intérprete y a un guía», considera su biógrafa Mary Renault. ¿Qué pudo aprender el gran Alejandro de sus diálogos con un hombre como Aristóteles?

• *El «alma intelectual» como regente de los apetitos inferiores y más bajos.* Alejandro aprendió la *philotimia*: el amor al honor. Su pasión fue alcanzar aquello para lo que tenía potencial («sé lo que deseas parecer»), lanzarse a un noble ideal, una de las grandes ideas aristotélicas. Ganó una enorme confianza en sí mismo, equiparable a su genio y su fuerza de voluntad. Se consideraba heredero de Hércules y Aquiles en su valentía y coraje. La ética de Aristóteles fue decisiva en los valores de este macedonio, en el desarrollo de su épica audacia.

• *La importancia de los afectos.* Platón ensalzaba el amor; Aristóteles, la amistad. Los amigos de Alejandro Magno apreciaron siempre en él su generosidad, su encanto irresistible, su capital emocional. Se cuenta que casi todos estuvieron unidos a él de por vida. Después de la victoria, sus alianzas con persas e indios fueron determinantes. Siempre dirigió desde el frente, dando ejemplo, como un auténtico soldado.

• *Como Aristóteles fue en realidad un científico inductivo, Alejandro se aficionó a la botánica, a la zoología, a la medicina, a la filosofía, a la música y al teatro.* Gracias a su coach, su curiosidad se convirtió en insaciable; Alejandro, gran soldado, no podía vivir sin libros. Su forma de replantear los problemas le convirtió en «acero flexible en una edad de hierro». Venció a la armada persa desde tierra, eliminando sus fuentes de agua potable. Derrotó al ejército indio, mucho más numeroso que el suyo, disparando sus flechas a los ojos de los elefantes. Avanzó por Grecia como «Hegemón» de la Liga de Corinto, no como rey de Macedonia. Utilizó el simbolismo como pocos (se consideraba un libertador, no un conquistador). Supo dónde estaba el límite de las capacidades de su ejército para volver a casa cuando tenía que hacerlo.

Alejandro estuvo casi cuatro años aprendiendo con Aristóteles, desarrollando su cerebro tanto en lo visceral, como en lo emocional y en lo intelectual: el hombre de «alma grande» que vive concienzudamente. Hizo de *La Ilíada* su libro de cabecera (textualmente) y se convirtió en un gran comunicador. Cuando el aún príncipe cumplió los 16 años, Filipo, su padre, le nombró regente de Macedonia. A cambio de sus servicios, la ciudad natal de Aristóteles, Estagira, fue reconstruida y repoblada. Ciertos expertos consideran que esto convierte a la educación de Alejandro en la más cara conocida.

Alejandro es un gran ejemplo histórico de que el liderazgo no se enseña, pero bien se puede aprender. El emperador formó un gran equipo (Antípatro como tándem, Parmenión como segundo, los innovadores Pérdicas, Ptolomeo, Hefestión, Filotas, Nearco), supo compensarles, hacerles crecer y juntos conquistaron el mundo. Desgraciadamente, Alejandro también nos enseña que las fortalezas llevadas al extremo pueden convertirse en obsesiones. Tras la muerte del rey persa Darío (330 a. de C.), sin Aristóteles a su lado, el orgullo de Alejandro dio paso a la vanidad. Ejecutó a Filotas, asesinó a Parmenión, mató personalmente a Clito (que le había salvado la vida) por discrepar de él, eliminó a su cronista oficial, Calístenes (sobrino de Aristóteles y educador del ejército incluso en campaña). Se arriesgó más allá de lo que su gente podía alcanzar. Murió en Babilonia, víctima de una fiebre tifoidea, con la entereza de un Sócrates, pero su imperio no le sobrevivió. Ptolomeo, que sí fue capaz de fundar en Egipto una dinastía que duró 300 años, resumió el legado de su predecesor y «jefe»: «Su fracaso se alzó por encima de los éxitos de los demás». Porque siempre perduraron las claves de su aprendizaje con Aristóteles. Por ejemplo, cuando Pérdicas le preguntó cuándo quería que se le rindieran honores divinos, él respondió: «Cuando seáis felices». Al fin y al cabo, su coach le había enseñado que «la felicidad consiste en hacer el bien».

¿Cómo podemos aprender a ser más valientes? El guía y aventurero David Miln Smith y la publicista Sandra Leicester lo llaman «Abrazar al monstruo». Atrevernos (desde la audacia, nunca desde la temeridad) a luchar contra una situación injusta, a embarcarnos en una apasionante aventura de riesgo, a expresar nuestros verdaderos sentimientos o a realizar lo que soñamos y tememos conseguir.

> «Nuestras dudas son traidoras, porque nos hacen perder aquello que pudimos ganar, por miedo a intentarlo.»
>
> William Shakespeare (1564-1616),
> dramaturgo británico

David Miln Smith, en los primeros años sesenta un directivo de San Francisco estresado y alcohólico, fue la primera persona en salvar a nado la distancia entre Europa y África (portada de la revista *Time* en agosto de 1967), ha descendido el Nilo (unos 3.000 kilómetros) en kayak, ha hecho el descenso del Amazonas y ha atravesado el desierto del Sáhara en solitario. Con Sandra Leicester, vicepresidenta de Guerrilla Marketing, escribió *Abraza el monstruo. Cómo afrontar sus miedos para vivir sus sueños*, con 52 ejercicios para alejar nuestros fantasmas. Porque, en palabras de la escritora Erica Jong: «El problema es que el mayor riesgo es no arriesgar nada».

Arriesguemos sin ser temerarios, para construir una vida mejor.

PARTE B

¿CÓMO EXPLICAS TU PASADO?

4. ¿CUÁN OPTIMISTA ERES?

«El optimista siempre tiene un proyecto. El pesimista siempre tiene una excusa.»

Anónimo

«Optimista es el que mira a los ojos. Pesimista es el que se mira a los pies.»

G. K. Chesterton (1874-1936), escritor británico

Suelo comentar que está científicamente demostrado que los optimistas vivimos, por término medio, doce años más que los pesimistas.[23] Ojo al dato. Creo que es un argumento suficiente como para apostar decididamente por el Optimismo, así, con mayúsculas.

Sin embargo, uno de los mayores errores de nuestra sociedad es que solemos confundir optimismo con ingenuidad. El optimismo, creen muchos (y es una creencia arraigada y ampliamente compartida), es de cándidos, de aquellos que se empeñan en ver de color de rosa una situación terrible. Antonio Gramsci llegó a hablar del pesimismo de la inteligencia frente al optimismo de la voluntad: o pesimistas inteligentes o tontos optimistas.

«El corazón, si pudiera pensar, se pararía.»

Fernando Pessoa (1888-1935), poeta portugués[24]

El mayor experto en el optimismo, el Dr. Martin Seligman, padre de la «psicología positiva», define el optimismo como un estilo explicativo de la realidad. Todos tenemos grabado en nuestro interior, según Seligman, un sí o un no (afortunadamente, las personas podemos aprender a reescribir nuestro fuero interno). Es una cuestión de enfoque, de interpretación de la vida. Son las 3 P: Personalización (grado en que nos sentimos responsables/culpables de un acontecimiento), Permanencia (el tiempo en el que el suceso se mantiene) y Persistencia (si un acontecimiento influye en otros relacionados). Los optimistas creen que las malas noticias son provisionales y la responsabilidad de uno mismo en ese efecto es parcial; por el contrario, las buenas noticias son más duraderas y en ellas hemos tenido nuestra contribución. Los pesimistas tienden a ver lo bueno como provisional y lo malo como más duradero, se autoinculpan en lo que ha salido mal y no se atribuyen apenas participación en lo que ha salido bien. La autoestima de los optimistas es mayor que la de los pesimistas. Los optimistas consideran el futuro de manera esperanzada y los pesimistas, desesperanzada.

De la investigaciones de Seligman y de los instrumentos que nos ofrece para analizar y medir el optimismo se concluye que la mayor parte de nosotros somos menos optimistas de lo que nos creemos y que el optimismo se puede –se debe– cultivar, no viene de serie. De hecho, vivimos en una sociedad mayoritariamente pesimista porque se ha ido haciendo así: es lo que Seligman denomina «indefensión aprendida» (*learned helplessness*).

> «En todos los países desarrollados se dan diez veces más casos de depresión hoy que en los años cincuenta, y han aumentado en menor medida otras patologías como la ansiedad.»
>
> Martin Seligman, experto estadounidense en optimismo

Beneficios del optimismo

Ser optimistas nos aporta enormes ventajas. Entre ellas:

- La ya mencionada diferencia de 12 años de esperanza de vida entre optimistas y pesimistas.
- Mayor éxito en el tratamiento tras intervenciones cardíacas (Biin-Jiun Shen, Charles McCreary y Hector Myers,

Florida, 2004) y de cáncer de mama (Guy Montgomery y Daniel David, Nueva York, 2002).

- Mejor perfil de valores inmunitarios (Suzanne Segerstrom, Kentucky, 2001).
- Mejor gestión del estrés postraumático (quemaduras graves, violencia doméstica u otros traumas).
- Evita la depresión (que afecta al 17% de la población occidental).
- Mejores resultados escolares (Nonis y Wright, Arkansas, 2002).[25]

Los optimistas ganan. El psicólogo Harold Zullow, de la Universidad de Pensilvania, diseñó unas herramientas para calcular el nivel de optimismo de las personas analizando el contenido de su lenguaje hablado y escrito. Lo probó estudiando a candidatos electorales a la presidencia de Estados Unidos entre 1900 y 1984, sin conocer *a priori* la identidad de los oradores. En dieciocho de las veintidós elecciones (el 82% de los casos) ganó el candidato más optimista.[26] El optimismo es el gran predictor en una contienda política. Animados por este descubrimiento, el equipo de investigadores de Zullow se atrevió en 1988 a pronosticar el resultado de las elecciones a la presidencia y al Senado. Acertaron en la victoria de George Bush padre sobre el gobernador de Massachusetts Michael Dukakis y de veinticinco de los aspirantes a senador sobre un total de veintinueve analizados. Los triunfos electorales de Bill Clinton en 1992 y 1996 también fueron anticipados siguiendo este mismo sistema. En los comicios de 2000, George W. Bush y Al Gore poseían un nivel de optimismo similar, y de ahí los resultados tan ajustados. En noviembre de 2004, el pesimismo de John Kerry, al que llamaban «el caballero de la triste figura», era evidente, como lo fue su histórica derrota ante George W. Bush. En 2008, Barack Obama transmitía mucho mayor optimismo que su rival, John McCain.

Las únicas excepciones a la regla del optimista vencedor estuvieron relacionadas con la depresión y la guerra: las tres elecciones consecutivas (1932, 1936 y 1940) de Franklin D. Roosevelt y la victoria de Nixon en 1968, en plena guerra de Vietnam.

> «Lo que podemos tomar prestado de Ronald Reagan es su sentido del optimismo. Lideró América construyendo desde sus fortalezas, no hundiéndola.»
>
> Rudolf Giuliani (1944),
> alcalde de Nueva York durante el 11-S

¿Quién es el político mejor valorado en España? Miguel Ángel Revilla, presidente del Gobierno de Cantabria. El más optimista. Inició su discurso de Navidad de 2010 con las siguientes palabras: «El pesimismo sólo conduce al malestar, al abatimiento y a la paralización». Y continuó: «Hay que luchar con más ímpetu que nunca. Ése ha sido siempre mi ánimo». Presumió de subir al barco del optimismo al resto de su equipo, en contra de los «agoreros». Sus palabras finales fueron: «Cántabros y cántabras, luchemos para hacer de Cantabria la tierra de prosperidad y oportunidades que nos merecemos. No caigamos en el desánimo ni nos dejemos llevar por el abatimiento y mantengamos viva la ilusión y el ánimo».

El estudio de las monjas

La investigación más relevante de la que disponemos sobre la relación entre el optimismo y variables como la salud y la longevidad es el que realizó un equipo de profesores de la Universidad de Kentucky. Habitualmente conocido como «The Nun Study» (el estudio de las monjas), fue planteado en 1986 con financiación del National Institute of Aging (Instituto Nacional del Envejecimiento) con un fondo de dos millones de dólares más las aportaciones privadas. Inicialmente estaba dirigido a predecir el envejecimiento y el Alzheimer (la tesis era que la falta de densidad lingüística es un predictor de dicha enfermedad a edad avanzada). Contó con la participación de centenares de monjas en tres conventos de la misma congregación católica (las hermanas de Notre Dame), al principio en Mankato, Minnesota, y luego en el resto de Estados Unidos. Todas las participantes en el estudio accedieron a donar su cerebro tras la muerte, el caso más amplio de donantes de cerebro para la ciencia en el mundo. Las monjas de Notre Dame son personas con estudios similares, costumbres semejantes, una alimentación muy parecida, del mismo sector socioeconómico... Lo que los sociólogos y los economistas llamaríamos *céteris páribus*, la posibilidad de aislar el resto de variables. Desde 1930, las novicias, al entrar en el convento, escriben un breve texto autobiográfico. Deborah Danner, David Snowdon y Wallace Friesen tomaron esos textos y analizaron su contenido emocional, dividiéndolo en positivo, negativo y neutro.

El análisis de los textos reveló de forma estadísticamente significativa una correlación entre el contenido emocional positivo y la longevidad de las monjas. Por el contrario, el estudio demostraba que no había correlación alguna entre las emociones neutras o negativas y la esperanza de vida.[27]

El Dr. David Snowdon y su equipo descubrieron que por cada incremento del 1% en el número de frases de contenido emocional positivo, se comprobaba una reducción del 1,4% en la tasa de mortalidad. Las monjas con textos cargados de emociones positivas alcanzaron los 93,6 años de vida. Las hermanas que habían mostrado menor contenido emocional positivo fallecieron, de media, a los 86,7 años. Casi 7 años de diferencia entre unas y otras. Lo más curioso y sorprendente es que las monjas que habían expresado una mayor variedad de emociones positivas en aquel texto vivían más de 10,8 años que el resto de sus compañeras. El estudio de las monjas, con un análisis inicial de 180 casos y que se amplió a un total de 678 (más del 85%, profesoras), fue portada de la revista *Time* el 14 de mayo de 2001 y tuvo una repercusión internacional (*NBC*, *USA Today*, *The New York Times*, *This is London*...). En 2008 el estudio volvió a la Universidad de Minnesota, bajo la supervisión del Dr. Kelvin O. Lim. El 28 de marzo de 2009, en Saint Paul, Minnesota, el Dr. Lim, el Dr. Harry Orr (Director del Instituto de Neurociencia de la Universidad de Minnesota) y la Hermana Catherine

Bertrand (Líder provincial de Mankato, Minnesota, de la Congregación de Notre Dame) presentaron conjuntamente «El espíritu y la ciencia del estudio de las monjas» en el ICAD 2009.[28] Está científicamente probado que el estilo de vida, el optimismo y las emociones positivas juegan un papel significativo en nuestro desarrollo cognitivo y nuestra esperanza de vida.

Di que sí

El optimismo puede parecer pintoresco, pero funciona. Así nos lo han enseñado en el cine multitud de comedias.

Yes Man (*Di que sí*, en la versión en castellano), protagonizada por el cómico Jim Carrey, es la historia de Carl Allen, un tipo solitario que arrastra un divorcio, se dedica a un trabajo burocrático (oficinista de banca en el departamento de préstamos) y dedica su tiempo libre a ver DVD en casa y aislarse de sus amigos. Un antiguo compañero del instituto le convence de que vaya a una sesión de autoayuda, «Di que sí», liderado por el gurú Terence Bundley y se compromete a aceptar positivamente todo lo que le ofrezcan. «La era del sí ha llegado.» Sigue un curso de coreano, aprende a tocar la guitarra, hace *puenting*, accede a los deseos de su octogenaria vecina, pilota un avión, concede todos los préstamos que le piden (lo que le convierte en una estrella de la entidad)... Como dice su novia, Allison, en la película: «La vida es un patio de recreo. Eso lo sabemos de niños, pero en algún lugar del camino todos lo olvidamos».

La película está basada en el libro del mismo título, escrito en 2005 por el humorista, presentador y productor escocés Danny Wallace. Durante seis meses, Danny se comprometió a decir sí a todo lo que le proponían. «Yo, Danny Wallace, en pleno uso de mis facultades físicas y mentales, escribo aquí este manifiesto por mi vida. Prometo que estaré más abierto a cualquier oportunidad. Prometo que viviré mi vida tomando cualquier opción posible. Prometo que diré sí a cualquier favor, petición, sugerencia e invitación que me propongan. Prometo que diré sí donde antes diría no». Y lo cumplió. En el libro cuenta su experiencia al respecto, que evidentemente es muy graciosa. Según el *San Francisco Bay Guardian*: «Es uno de esos raros libros que tiene el potencial de cambiar tu vida». En lugar de tantas excusas, el libro y la película nos enseñan que decir que sí a la vida merece la pena. «Ya no digo que sí a todo porque estaría muerto y arruinado —ha declarado Danny Wallace recientemente—. Pero digo que sí más a menudo. Cuando veo una de esas oportunidades, como una película extranjera subtitulada, sé lo que tengo que decir. Mi abuela solía repetir: 'Tienes tantas posibilidades de encontrar el amor en una mala fiesta como en una buena'.»

A MAYOR INCERTIDUMBRE, MAYOR NECESIDAD DE OPTIMISMO

En la crisis (empresarial, económica, social, de valores), parece que el optimismo se ha batido en retirada. Y, sin embargo, uno no puede dejar de estar en crisis si alimenta el pesimismo. Me gusta este pensamiento de José Antonio Marina: «Dejemos el pesimismo para tiempos mejores». Efectivamente, en los tiempos de gran incertidumbre, de dificultades, no podemos permitirnos abandonarnos a la desorientación. «El optimismo se convierte en estos momentos difíciles en un deber moral» porque «el optimismo es la inteligencia decidida a determinar el futuro. No es un sentimiento, sino un modo de actuar». La necesidad de ser optimistas (y, en general, cuando medimos nuestro optimismo con criterios científicos lo somos menos de lo que nos creemos) en sí mismo justifica un proceso de desarrollo personalizado.

En palabras de la experta en psicología positiva Beatriz Vera: «El optimismo no lleva implícita la negación de la realidad, una persona optimista no cierra los ojos ante los problemas propios o ajenos, ni es indiferente a aquello que puede causar preocupación, tristeza o temor. Es más, los estudios han demostrado que las estrategias de afrontamiento de problemas que utilizan los optimistas son, precisamente, aquellas dirigidas a enfrentarse a ellos, mientras que los pesimistas tienden a evitarlos».[29]

«En España el optimismo está mal visto. Aquí es raro que alguien presuma de optimista, vende poco, a diferencia de lo que sucede en Estados Unidos, donde hacer alarde de una visión positiva y optimista es lo más normal. Mejor dicho, en Norteamérica la afirmación 'soy pesimista' está muy mal vista porque eso implica que no vas a tener éxito en el trabajo o en tus proyectos personales. En definitiva, que vas a fracasar en todo aquello que te propongas. Y claro, nadie quiere darle empleo a un pesimista», ha declarado Luis Rojas Marcos en una entrevista reciente.[30] Sin embargo, «en general, somos una cultura muy extravertida y comunicativa. Hablamos mucho, sobre todo las mujeres, y eso, narrar lo que nos pasa, lo que nos atemoriza y nos oprime, reduce la intensidad del temor. Al poner palabras a lo que nos preocupa le damos un significado, una explicación, lo que es muy terapéutico», añade el Dr. Rojas Marcos. Sobre el triunfo de La Roja en el Mundial de Sudáfrica 2010, comenta: «El triunfo de España es un referente fresco, joven y noble que nos puede servir de estímulo vigorizante y esperanzador».

Modelos de excelencia: Rosa Heredero

El optimismo es positivo. Los mejores directivos lo saben.

Rosa Heredero Sánchez ha sido de 2007 a 2010 directora de la Escuela de Negocios del CEU en Madrid (puso el foco con claridad en «formar a profesionales»). En la actualidad ocupa un puesto de la más alta responsabilidad en la institución CEU en su conjunto, ligada al marketing, a las tecnologías y a los antiguos alumnos. Licenciada en Derecho por el CES San Pablo CEU-Universidad Complutense de Madrid y Máster en Urbanismo y Ordenación del Territorio por la Escuela de Negocios CEU de Madrid. Ha realizado los Cursos de Doctorado en la Universidad San Pablo CEU, el Máster Executive en Dirección de Recursos Humanos por la Escuela de Negocios CEU. Ha sido, además de directora de la Escuela de Negocios CEU de Madrid, coordinadora académica general de la Escuela de Negocios CEU de Madrid, de Formación Directiva del Área de Urbanismo e Inmobiliario y Formación In Company. Entre los años 2003 y 2007 fue la coordinadora del Máster en Dirección Inmobiliaria, y antes había sido la coordinadora del Máster en Urbanismo y Ordenación del Territorio. Ha desarrollado su labor docente, entre otras, en las siguientes instituciones: Facultad de CC Económicas y Empresariales de la Universidad San Pablo-CEU; Facultad de CC Jurídicas y de la Administración de la Universidad San Pablo-CEU y en Terra Networks en el área de contenidos académicos.

> «El optimista no es el tonto feliz.» «Es muy positivo ser positivo.»
>
> Rosa Heredero

Uno de los logros del CEU es la campaña «Historias de Talento», que Rosa explica de la siguiente manera: «Casi todas las escuelas de negocios contamos cosas muy similares, por lo que la información es plana. Teníamos que generar certezas». Porque «somos lo que los que han pasado por aquí son». Otro ejemplo es el MPA (Executive MBA con la P de Personas), que Rosa Heredero describía en una entrevista a *El Economista*: «Másteres de recursos humanos hay muchos, pero nos planteamos si teníamos algo diferente que decir en el ámbito de las personas. Concluimos que se hablaba de recursos humanos desde un punto de vista instrumental, pero no había una reflexión sobre lo que supone el talento en una organización, el factor persona. Hay una serie de pautas y habilidades que necesitamos todos los que trabajamos con personas. ¿Cómo puede mejorar el rendimiento de un equipo?, ¿cómo se gestiona la diversidad? Esas claves no se estaban viendo con la profundidad que merecían. Este MPA cuenta además con una figura novedosa, el director de practicidad, un vigilante 24 horas cuyo cometido es velar por la practicidad del programa, por que cada sesión consiga los objetivos pretendidos, por nosotros y por los alumnos».[31]

En su estilo de liderazgo destaca la importancia de lo lúdico («A mí lo que me importa es que la gente esté a gusto»), de afrontar la realidad («Yo tengo que saber con qué me enfrento»), del aprendizaje («Me cuestiono las cosas y me cuestiono a mí»), del propio talento («Agrupémonos por otras cosas, no por género»), del optimismo como pasión, alegría y ganas.

«La vida es un ejercicio de coherencia.»

Rosa Heredero

¿Qué puede hacer un coach por ti?

Un coach profesional ha de ayudarte a medir, analizar y desarrollar tu nivel de optimismo, un aspecto clave en tu calidad de vida.

Para medir cuál es tu nivel de optimismo, pueden utilizarse principalmente dos herramientas, en cierto modo complementarias: la de la «disposición al optimismo», de Michael Scheier y Charles Carver (1985), de la Universidad de Miami, y la del «optimismo como estilo explicativo», de Christopher Peterson y Martin Seligman (1984), de la Universidad de Pensilvania. El optimismo como disposición característica es la relación entre lo que pasa (acontecimientos externos) y nuestra interpretación de éstos. Por tanto, está determinada principalmente como la esperanza hacia el futuro (los optimistas esperan resultados positivos). El LOT-R (Test de Orientación hacia la Vida, Revisado) es el cuestionario de Scheier y Carver, actualizado en 1994. Son un total de 113 afirmaciones, respecto a las que uno debe mostrar acuerdo o desacuerdo (entre 1 y 4). El cuestionario, en castellano, está disponible en la web del departamento de psicología de la Universidad de Miami.[32]

El Test del Optimismo de Peterson y Seligman aparece en el libro *Aprenda optimismo*, del Dr. Martin Seligman.[33] Son 48 cuestiones, en las que hay que elegir entre dos alternativas. Permite conocer la puntuación del pupilo en términos de personalización, permanencia y persistencia respecto a las situaciones negativas y positivas de la vida, por lo que la persona que está haciendo coaching es capaz de medir su nivel de optimismo y en qué tiene que poner el foco para desarrollarlo.

También en *Aprenda optimismo*, Martin Seligman nos enseña qué debemos hacer para desarrollar nuestro optimismo, siguiendo un modelo que él denomina ABCDE (en inglés, Adversidades, Creencias, Consecuencias, Debates, Energización):

1. Adversidades: Analizar, a través de preguntas abiertas, qué errores han generado un cierto nivel de pesimismo. Una sana reflexión, como si se tratara de los problemas de una tercera persona.
2. Creencias: Descubrir las pautas que subyacen a estas adversidades (las creencias generalizadas que nos hacen menos optimistas de lo deseable).
3. Consecuencias: Observar conjuntamente, el pupilo con el coach, las consecuencias prácticas de estas creencias instaladas en la mente.
4. Debates: Dialogar sobre las causas que pueden llevar a repetir errores y qué pensamientos son modificables.
5. Energización: Compromiso del pupilo ante el coach para afrontar en el día a día las adversidades y mantener un discurso, unas creencias y unos comportamientos más optimistas.

Como si se tratara del entrenador del tenista número uno del mundo Rafa Nadal (su tío Toni), de La Roja, la selección española de fútbol campeona del mundo (Vicente del Bosque), del F. C. Barcelona de los seis títulos en un año (Pep Guardiola) o del Real Madrid «mejor club del siglo XX» (José Mourinho), tu coach te va a ayudar a trabajar los «músculos» del optimismo: cómo explicas tu pasado (las lecciones de la vida), tu presente (el sentido de la confianza) y tu futuro (el valor de la esperanza). Los profesionales, gracias al coaching, aprenden a detectar las creencias que reducen su optimismo y las trabajan con eficacia.

«El pesimismo lleva a la debilidad; el optimismo, al poder.»
William James (1842-1910), pensador estadounidense

No formar parte de los optimistas, sabiendo que el optimismo se puede analizar, medir y hacer crecer, es una auténtica lástima. Debemos hacer todo lo posible por ser todo lo inteligentemente optimistas que podamos. Nos va la vida en ello.

5. ¿CUÁL ES TU MENSAJE AL MUNDO?

«La forma en que nos comunicamos con los demás y con nosotros mismos determina la calidad de nuestras vidas.»
Anthony Robbins, experto en motivación

«Si somos fuertes, la fortaleza hablará por sí misma. Si nos mostramos débiles, las palabras no servirán de ayuda.»
John Fitzgerald Kennedy (1917-1963), presidente estadounidense

SIN CERA

Me gusta la etimología de la palabra *sincera*. Proviene del latín «sincerus», un vocablo de la apicultura que significaba «que no contiene cera, que la miel es pura, sin falsificar». Si sólo hay miel, no hay cera. Más tarde, en la antigua Roma se aplicó a los bustos de los emperadores que eran de una pieza, sin artificios. Tito Livio describió una competición en la que sólo participaban como «sincerum aequestre praelium» (combate sólo entre jinetes) y de ahí pasó al que era auténtico, sin engaños de ningún tipo.

«La sinceridad no es decir todo lo que uno piensa. Es no decir jamás lo contrario de lo que uno piensa.»
André Maurois (1885-1967), ensayista y novelista francés

Casi todos hemos oído hablar de la «regla de Merhabian». En 1967, el investigador Albert Merhabian, actual profesor emérito de la Universidad de California en Los Ángeles (UCLA), realizó un experimento del que se deducía que, del total de la comunicación, el aspecto verbal es menos de un 10% (en realidad, el 7%). La comunicación paraverbal (tono, volumen, entonación), ocupa un 38% y la comunicación no verbal (los gestos), el 55% restante. Como nos aclara el experto venezolano en comunicación Jesús Enrique Rosas en su blog «lenguaje corporal», «el proyecto de Merhabian consistía en pedirle a una persona que dijera una palabra (sí, una sola palabra), como por ejemplo '*querido*' o '*terrible*', y un observador tenía que determinar la relevancia semántica (qué significa la palabra *per se*) y si el tono de voz y la expresión facial eran importantes para enfatizarlo. Suena bastante sencillo... y aún más cuando descubrimos una serie de características que lo bajan del pedestal dramáticamente:

- Con frecuencia se afirma que el resultado del test arrojó un 55% para el lenguaje corporal, lo cual es erróneo, pues en ningún momento se estudió la postura o kinesia de los participantes. Ese 55% se aplica sólo para las expresiones faciales.
- El análisis sólo implicaba un espectro de emociones 'positivas' y 'negativas', ni siquiera una matriz de emociones diversas (como la propuesta por Paul Ekman).
- Al ser una sola palabra a la vez, la semántica del contexto era inexistente; este último es importantísimo en la comunicación verbal, pues —por ejemplo— no tenemos ningún problema para identificar el sarcasmo cuando leemos un libro.
- Los resultados se aplican sólo para las mujeres, pues ningún hombre participó en el estudio.
- Y por si fuera poco, ¡el propio Albert Merhabian ha aclarado todos estos puntos muchas veces! En más de una ocasión, ha desmentido que la regla del '7-38-55' sea universal y concluyente, pues el espectro de la investigación, como pueden ustedes ver, era bastante limitado».[34]

Evidentemente, el lenguaje corporal, como la comunicación paraverbal, refuerzan (o no) lo que dicen nuestras palabras, pero no hay maneras de «deconstruir» qué es verbal, no verbal o paraverbal. Todo tiene su importancia.

¿Cómo detectar entonces la sinceridad en los demás? A través de las microexpresiones del rostro que denotan alegría, curiosidad, sorpresa, etc., y que pueden ser coherentes o no con lo que estamos diciendo. Paul Ekman, la mayor eminencia en comunicación no verbal, ha creado el FACS (siglas en inglés del Sistema de Codificación de la Acción Facial), instrumento que clasifica el repertorio de variaciones musculares de nuestro rostro: cejas, ojos, labios, mejillas, etc. Las expresiones faciales son las mismas en todas las culturas, aportan una valiosa información sobre nuestro estado de ánimo y, como son incontrolables, son sinceras. Utilizar el FACS en las investigaciones criminales es mucho más útil que el polígrafo, que puede fallar en un 20% de los casos. Sí, la cara es el espejo del alma.

Para mostrar más coherencia en nuestras relaciones, John Grinder, uno de los padres de la Programación Neurolingüística, nos propone varias etapas:

1. Saber exactamente qué deseamos comunicar. ¿Qué espero de esta conversación? Hemos de trabajar la intención para que sea clara.
2. Antes de poner palabras a nuestro mensaje, hemos de buscar la actitud y la expresión más acordes. Debemos sentirnos tranquilos y naturales en lo que queremos comunicar, para que la comunicación paraverbal y la no verbal refuercen el contenido verbal.
3. Estar atento al otro o a los demás. A lo que nos dicen con sus palabras y sobre todo a lo que transmite su cuerpo. En la medida que sintonicemos con los demás, tendremos más éxito en la comunicación.[35]

Hablar, pero sobre todo escuchar

Nunca se enfatiza lo suficiente la importancia de la escucha atenta. Escuchar es demostrar nuestro interés por las otras personas, aprender de ellas, y abre decisivamente los canales de comunicación. Juan Luis Vives (1492-1540), en el Renacimiento, tiene escrito: «Nihil facilus, quam audire multa, et nihil utilius» (Nada tan fácil ni tan útil como escuchar mucho). Un lema que todos los directivos deberíamos tener en nuestras oficinas, porque escuchar es lo más estratégico.

¿Qué podemos hacer para escuchar mejor? En principio, seguir cinco reglas. La primera es que, antes de escuchar (que es un acto consciente), debemos poder oír; los entornos excesivamente ruidosos nos lo ponen muy difícil y por ello hay que tratar de evitarlos. La segunda es atender sin interferencias emocionales, como prejuicios hacia quien está hablando o sensación (que transmitimos, con toda seguridad) de ansiedad o de aburrimiento; la relajación por nuestra parte es esencial. La tercera regla es entender los mensajes del interlocutor; hacer preguntas es adecuado para que compruebe que estamos comprendiendo lo que nos dice. La cuarta es responderle eficazmente, proporcionándole información (*feedback*) sobre lo que nos dice y mostrando una comunicación gestual de respuesta positiva. Y, finalmente, la quinta regla es recordar lo que nos ha dicho, bien porque emocionalmente nos ha impactado y/o tomar notas para que no quede en el olvido.

> «Me gusta escuchar. He aprendido mucho escuchando, escuchando con atención. La mayoría de la gente no escucha nunca.»
>
> Ernest Hemingway (1899-1961), escritor estadounidense

En general, se echa de menos a los buenos conversadores (por escasos, son muy valorados). Los contertulios de la radio y la televisión suelen ser, por el contrario, un modelo negativo: se quitan la palabra de malas formas, atacan a los demás, vociferan, insultan... Los buenos conversadores son aquellos cuya intervención no es una defensa, una isla, un muro, sino que despierta en el otro el deseo de construir, de aprovechar el puente que la otra persona ha tendido. Una buena conversación es una delicia, una obra de arte que nos transforma y eleva nuestra inteligencia práctica. A conversar se aprende (¿de qué otra manera podría ser si no?). Y las personas que saben conversar demuestran talento para convivir con los demás y para aprender de ellos, para construir juntos algo interesante: un sano debate, un equipo, una sociedad.

Con qué imagen transmitimos poder

El citado experto venezolano en comunicación Jesús Enrique Rosas nos aporta siete claves para transmitir poder mediante la comunicación no verbal:

1. Entrecejo relajado. Cuando estás al mando no existe preocupación que pueda sacarte de tu centro. ¿Cómo podrías entonces tener un entrecejo arrugado? Según Paul Ekman, las emociones positivas derivadas de la alegría y la tranquilidad permiten a estos músculos relajarse por completo. En cambio, si sentimos rabia, miedo, tristeza o sorpresa, el entrecejo se contrae de variadas formas.
2. Contacto visual franco e interesado. Las personas que no tienen nada que perder no muestran reparo alguno en mirarte directamente a la cara. No temen al rechazo de las miradas ajenas.
3. Respiración constante en todo momento. El verdadero poder no tiene nada que le pueda irritar o afectar. Siempre respira igual, aún cuando le den malas noticias... Con la cabeza fría, el corazón sereno, puede buscar mejor una solución de manera racional.
4. Manos y dedos relajados. Los puños cerrados y las palmas sudorosas son signos de falta de poder, así como las microcaricias de dedo a dedo.
5. Talones pegados al suelo, sin tamborilear. El movimiento de las personas nerviosas no sólo es molesto para los demás, sino que delata falta de concentración o graves ataques de ansiedad. Una persona que no puede controlar sus pataleos y tamborileos con pies, manos y dedos es una persona que

no se gobierna a sí misma y tampoco puede hacerlo a los demás.

6. Saludos a todos por igual. Un error gravísimo de algunas personas es «sólo saludar a quienes les conviene», lo cual es absurdo. Conviene saludar a los extraños con cortesía y amabilidad. A ojos de los demás, parece que conocen a mucha gente, condición clásica en una figura de poder.
7. Nunca tocarse la cara de manera casual. Nunca nos llevaremos las manos a la cara para rascarnos o tocarnos levemente; estos movimientos sólo transmiten inseguridad.

Las personas con poder, con autoridad (formal o moral, credibilidad), se sienten seguras, «juegan en casa», transmiten confianza. Y así son percibidas.

> «El que controla a los demás es poderoso, pero el que se domina a sí mismo todavía lo es más.»
>
> Lao Tse (600-531 a. C.), filósofo chino

Atención a cuatro grandes emociones (negativas): miedo, ira, tristeza y envidia

Todas las emociones tienen una cierta utilidad, tanto las llamadas negativas como las positivas. Trataremos la alegría al hablar de la felicidad, porque es la emoción más ligada a ella. Respecto a las emociones negativas, hemos de tener especial cuidado con cuatro de ellas: el miedo, la ira, la tristeza y la envidia.

A. El miedo. Es una emoción excesivamente frecuente en nuestra sociedad. Según el experto David Caruso, representa el 38% de todas las emociones, lo que le da una preponderancia innecesaria. Sustos como los de las «vacas locas», la gripe porcina, los alimentos transgénicos, el tabaquismo, el cambio climático, el terrorismo de Al Qaeda nos atacan continuamente, y los medios de comunicación amplifican los temores. Se crean miedos imaginarios donde no existen los reales. Frente al miedo, conviene recordar aquella misiva de René

Descartes que cita Mario Alonso Puig en su libro *Reinventarse*: «Mi vida estuvo llena de desgracias, muchas de las cuales jamás sucedieron».

¿Qué podemos hacer frente a ese miedo? Afrontarlo con tranquilidad, con perspectiva, con límites. No caer en la trampa de una sociedad acomodada que ha convertido el miedo en toda una industria, porque la ciudadanía suele preferir una supuesta seguridad a la libertad. Hemos de evitar que la apelación al miedo coarte nuestra libertad y nuestra dignidad.

B. La ira. Respecto a la ira, hemos de analizar qué (o quiénes) nos sacan de quicio y por qué, anticipar las fuentes de la ira y reforzar nuestra serenidad. No debemos sentirnos como una olla exprés a punto de estallar porque fuera de control la ira es muy destructiva. En muchas ocasiones, nuestro afán de perfeccionismo nos hace estallar. En lugar de responder con agresividad, tenemos que saber canalizar nuestras emociones y responder asertivamente (defendiendo nuestro punto de vista, pero sin herir al otro). Si bloqueamos la expresión de la ira sin darle cauce, podemos sufrir de una actitud cínica o de comportamientos pasivo-agresivos (mostrar agresividad de repente, sin motivo inmediato). El globo no debe explotar, sino irse desinflando poco a poco. Algunos expertos proponen, para cuando uno se enfada de veras, actividades como las siguientes: contar hasta 10, hablar con alguien de confianza, recibir o dar un abrazo, zapatear, golpear a una almohada, hacer un dibujo, dar cinco vueltas corriendo, jugar con un videojuego, ponerte los cascos y cantar en voz alta, pensar en lo bonito de la vida (recordar un viaje, un momento agradable) o practicar tu deporte favorito.

C. La tristeza. Es otra de las emociones negativas que tiene sentido si ocurre de manera puntual y no se convierte en melancolía. Los psicólogos británicos Zinger Segal, Mark Williams y John Teasdale elaboraron un programa terapéutico de ocho sesiones para pacientes recuperados de depresión con el fin de que aprendieran a gestionar sus pensamientos negativos y evitar así las recaídas. El método es totalmente aplicable para toda persona que desee obtener paz mental y serenidad. Las ocho sesiones son las siguientes:

1. Apagar el piloto automático. Suele suceder que no estamos realmente presentes momento a momento durante gran parte de nuestra vida. En el modo piloto automático, hacia el que tendemos, es más probable que seamos dirigidos por los acontecimientos que nos rodean y caigamos en rutinas mentales que nos causaron problemas en el pasado. La meta es incrementar la consciencia de tal manera que podamos responder a las situaciones con libertad en lugar de reaccionar de forma automática. Para empezar, se practica el desplazamiento de la atención de un modo voluntario por todo el cuerpo.
2. Enfrentarse a obstáculos. Reconocer simplemente la realidad de nuestra situación, sin lanzarnos de inmediato a juzgar, resolver o querer que las cosas sean de modo distinto. No juzgar la experiencia como inadecuada en algún sentido, como que esto no debería estar sucediendo, no es lo bastante bueno o no es lo esperado o querido.
3. Consciencia plena de la respiración. Entrar en contacto con ella. Observar cómo cambia según nuestros estados de ánimo, pensamientos y movimientos corporales. No controlarla, sólo observarla y conocerla. Se la puede utilizar como ancla y refugio en cualquier lugar y situación.
4. Permanecer presente. Llegar a ser más conscientes de pensamientos, emociones y sensaciones corporales nos libera de reacciones automáticas y nos permite responder a los acontecimientos con plena consciencia y de forma más habilidosa. Las reacciones suelen ser de tres tipos: evadirse y pensar en otra cosa, aferrarse a las cosas sin dejar que se marchen o desear vivir algo que no está presente y rechazar las experiencias con enfado. Los tres pueden provocar malestar emocional.

5. Permitir, dejar ser. Abandonar todo intento de hacer que las cosas sean diferentes. La aceptación no significa resignación. Es sólo el primer paso para ser plenamente conscientes de las dificultades para después, si es apropiado, responder de forma hábil en lugar de reaccionar de un modo instintivo y automático con las viejas estrategias disfuncionales.
6. Los pensamientos no son los hechos. Los pensamientos sólo son acontecimientos mentales. Los pensamientos no son hechos y nosotros no somos nuestros pensamientos.
7. Cuidar mejor de uno mismo. Responder a estas preguntas:
    - De las cosas que hago, ¿qué me sustenta, incrementa la sensación de estar vivo y presente y no meramente existente?
    - ¿Qué me desgasta y hace que me sienta sólo existente o algo peor?
    - Al aceptar que existe un aspecto en mi vida que no puedo modificar, ¿estoy eligiendo conscientemente incrementar el tiempo y el esfuerzo que dedico a las actividades positivas y disminuir el tiempo que empleo en las actividades negativas?
8. Una petición de serenidad. Pedimos tener la gracia de aceptar con serenidad las cosas que no pueden cambiarse, el valor para modificar las cosas que deberían cambiarse y la sabiduría para distinguir entre ambas. Gracia, valor y sabiduría.

Los ácidos grasos Omega 3, que están en las nueces y el pescado, también ayudan a combatir la tristeza. Y son mejores que los antidepresivos, que actúan artificialmente sobre la serotonina.

D. La envidia: Es una emoción ligada a la comparación social (que suele traer infelicidad) y a que no se aprecia el mérito en los demás. «La envidia es una declaración de inferioridad», afirmaba Napoleón Bonaparte. O «una forma de elogio», en palabras de José Ortega y Gasset. Si uno siente que tiene envidia de alguien (lo que ya dice mucho en términos de autoconocimiento), ha de hacer un esfuerzo por disfrutar de lo que tiene y no centrarse en lo que tienen los demás. La envidia genera sufrimiento, y si es de cierta intensidad provoca odio en el envidiado, lo que no es nada aconsejable. Si uno se siente envidiado, ha de tomárselo con calma y responder inteligentemente al tratamiento no inteligente.

> «Castiga a los que te tienen envidia haciéndoles bien.»
>
> Proverbio árabe

> «Nadie puede hacernos sentir inferiores sin nuestro consentimiento.»
>
> Eleanor Roosevelt (1884-1962),
> diplomática y activista, primera dama de Estados Unidos

Frost/Nixon y *Wall Street*

El cine nos muestra como pocas artes la importancia de la comunicación.

El desafío: Frost contra Nixon (2008) es uno de los mejores duelos interpretativos de la historia del cine. Basada en una obra de teatro de Peter Morgan (el autor de *The Queen* y *El último rey de Escocia*, entre otras), que ha estado en Londres y en Broadway a lo largo de año y medio con Frank Langella (el *Drácula* de 1979) y Michael Sheen (Tony Blair en *The Queen*). La versión cinematográfica de Ron Howard (*Splash*, *Cocoon*, *Apolo 13*, *Una mente maravillosa*, *El Código Da Vinci*) recoge con enorme fidelidad las entrevistas entre David Frost y el ex presidente de Estados Unidos Richard Nixon en 1977.

David Frost es un periodista británico con fama de frívolo y playboy, que entiende a la perfección lo que significa la televisión para el gran público. En 1977, tres años después de la dimisión de Nixon, le ofreció al ex presidente norteamericano una entrevista, con lo que Nixon pensaba lavar su imagen tras el escándalo del Watergate (y cobrar 600.000 dólares). A partir de las negociaciones previas y de los distintos diálogos ante las cámaras entre Richard Nixon y David Frost, la película se convierte en un thriller fascinante. Según el director Ron Howard, «En el fondo, fue una batalla entre dos mentes en la que cada uno luchaba por salvar su vida profesional y en la que sólo podía haber un vencedor». Sí, es como un combate de boxeo dialéctico. En la Base de Datos Internacional de Películas (IMDB), la puntuación de *Frost contra Nixon* es de 8,1 sobre 10 (una de las 250 mejores de la historia del cine). Atención al final de la cinta, a las confidencias de una persona intelectualmente muy poderosa pero a quien no le gusta la gente, frente a otra con habilidades sociales innegables aunque no posea tanta inteligencia lógica.

> «En el boxeo, siempre hay ese primer momento que ves en la cara del aspirante. Es el instante en el que siente el primer puñetazo del campeón. Es un momento doloroso, cuando se da cuenta de que los meses de preparación y de esperanzas de venirse arriba psicológicamente se han acabado. Lo podías ver en la cara de Frost. Si no conocía antes de la entrevista el calibre del hombre al que se enfrentaba, sin duda lo entendió tras la primera respuesta del ex presidente.»
>
> Jack Brennan, colaborador de Nixon,
> en *El desafío: Frost contra Nixon*

Wall Street (1987) es una película emblemática sobre el sistema capitalista. Dirigida por Oliver Stone e interpretada por Michael Douglas (que recibió el Oscar al mejor actor por esta cinta), Charlie Sheen y Daryl Hannah, cuenta el proceso de «perversión» de un joven y ambicioso *broker*, Bud Fox (Charlie Sheen), por un magnate sin escrúpulos, Gordon Gekko (Michael Douglas) que le lleva a cometer el delito de abuso de información privilegiada y al que Fox traiciona hasta dar con sus huesos en la cárcel. Oliver Stone pretendía retratar el capitalismo más salvaje (la película es un homenaje a su padre, que trabajó de *broker*) y convirtió a Gekko en un icono admirable para muchos. «Una inspiración para gente que, según me decía, entró en la Bolsa para seguir su ejemplo», comentaba en una entrevista el director de *Platoon*, *Nacido el 4 de julio* o *JFK*.[36]

El 5 de noviembre de 2009 APD Norte organizó un Cine Fórum Empresarial en el Museo Guggenheim con esta película: «Una cinta de plena actualidad en esta crisis de codicia». Celebramos una mesa-coloquio con Manuel Ardanza, subdirector general de la Bolsa de Bilbao, Antón Azlor, adjunto a presidencia y director de Gestión de Personas de TUBACEX e Ignacio Marco-Gardoqui, director de Banca Privada de La Caixa, que moderó un servidor y en la que les hice preguntas como éstas, que uno puede hacerse tras ver la película:

- ¿Hasta qué punto la película es actual respecto a la crisis?
- El *broker* es mitificado (y demonizado en la película). ¿Cuál es la realidad sobre esta profesión?
- La codicia como epidemia.
- La figura del padre (Martin Sheen, el sindicalista que trabaja en Bluestar) y el «padrastro» Gordon Gekko. El glamour y la decencia.
- ¿Funcionan los mecanismos reguladores?
- ¿Cómo se sale de ésta? ¿Cómo insuflar confianza y demanda?
- ¿Qué lecciones se pueden extraer de la película?

Wall Street incluye frases memorables del «tiburón» Gordon Gekko, como «las comidas de negocios son para débiles. No tengo tiempo para esas chorradas», «Si quieres un amigo, cómprate un perro. Esto son negocios», «Yo no quiero poseer riqueza. Me conformo con poseerla», «La codicia no es tan mala como la pintan. Ha hecho progresar al mundo», «Primer mandamiento: todo va de dinero», «Segundo mandamiento: si no estás dentro, estás fuera».

Aunque no pensaba hacerlo, 23 años después Oliver Stone dirigió la segunda parte, *Wall Street: el dinero nunca duerme*. Las expectativas eran muy altas y no se cumplieron. En ella vemos a un tiburón avejentado (Michael Douglas tiene 66 años y cáncer de garganta), que tras su estancia en la cárcel ha escrito un libro que le aporta un aura de «gurú» y en el que no se arrepiente de lo que hizo. De nuevo, engaña a un pardillo (esta vez, el chico que vive con su hija, interpretado por Shia

LaBeouf), rehace su fortuna y se presenta como un modelo de éxito, cuando no es más que un sinvergüenza. La película cuenta la caída de Lehman Brothers, la burbuja de Internet, la entrada del capital chino, el boom inmobiliario (Susan Sarandon, madre del joven, deja su trabajo de enfermera para convertirse en comercial inmobiliaria). «Lo que gente como Gekko hacía en los años ochenta es *pecata minuta* para lo que la banca hizo en los últimos años y que llevó a la actual crisis. La desregulación de la banca levantó el ancla que mantenía su actividad en un plano controlado y les permitió ese tráfico con valor cuyas consecuencias estamos sufriendo.» (Oliver Stone) Al final, en la última escena de la cinta: «In greed we trust» (creemos en la codicia). La publicidad de esta segunda parte utilizó una frase de *El Padrino*: «Ten cerca de tus amigos y más cerca a los enemigos». El film concluía con una cita de Albert Einstein: «La definición de la locura es seguir haciendo lo mismo y esperar resultados diferentes».

> «La historia que nos contamos a nosotros mismos acerca de nosotros mismos es el origen de la codicia.»
>
> Christopher Jamison (1951), abad benedictino,
> en *El don de la felicidad*

Contra la codicia y la avaricia (del latín *avere*, desear algo con ansia), hemos de practicar asiduamente la generosidad. Disfrutar con las personas es mucho mejor que disfrutar de las cosas. Si coincides con esta opinión (y espero que sí), haz algo al respecto.

Modelo de excelencia: Susanna Griso

En la pequeña pantalla también podemos aprender de grandes comunicadores, de estupendos presentadores.

Susanna Griso Raventós, Premio Ondas 2010 a la mejor presentadora, es una excelente periodista de radio y televisión. Se licenció en Ciencias de la Información por la Universidad Autónoma de Barcelona en 1992, si bien había comenzado su carrera profesional dos años antes en Catalunya Ràdio. En 1993 presentó en TV3 *Tres senyores i un senyor*, un exitoso espacio de entrevistas, y en 1995 el informativo *Telenotícies* y el programa especial *Resum de l'any*. En Televisión Española en Cataluña se encargó de presentar el informativo de mediodía. En septiembre de 1998 llegó a Antena 3 para presentar junto a Matías Prats la primera edición de *Antena 3 Noticias*. En enero de 2001 se incorporó a *Antena 3 Noticias 2*. En septiembre de 2003 volvió a presentar *Noticias 1*, primero en solitario y a partir de septiembre de 2004 junto a Roberto Arce, alcanzando el liderazgo de audiencia en esa franja horaria. Desde el 11 de diciembre de 2006 presenta el magacín matinal de Antena 3, *Espejo público*, que ha tenido un gran éxito de audiencia. Además del Ondas, Susanna Griso ha obtenido la Antena de Oro 2006 en Televisión y ha sido nominada al TP de Oro como mejor presentadora en 2003 y 2008.

Susanna, gran comunicadora, escribe además como los ángeles. Prologuista del libro *Liderazgo Guardiola*, de Leonor Gallardo y un servidor, escribía esto en un gran libro, *Cartas a Álex. A través de una vida*, de nuestro amigo común Gabriel Masfurroll: «Dicen que cuando encuentras a tu ángel lo sabes, que no hace falta que nadie haga las presentaciones. Ese ángel se me apareció, hace casi dos lustros, en un palco del Camp Nou. ¿Dónde si no podía estar? Fue un encuentro breve, ni siquiera recuerdo contra quién jugábamos ni cómo quedamos, pero pensé que el señor de mi izquierda era extremadamente educado y amable. Ésa es la primera impresión que dan los ángeles aunque en su tarjeta de visita pongan algo más prosaico, posiblemente para despistar…, no sea que una ya les pida favores de buenas a primeras. Durante años no le he visto pero siempre ha estado allí…, al acecho… por si hacía falta. Y cuando, finalmente, le llamé, respondió al instante. No esperaba menos. Es mi ángel, nuestro ángel. Su trabajo es agotador, depositamos en él nuestros anhelos y le confiamos a las personas que más queremos. Por eso, él necesita un ángel triple A, pata negra, de los que nunca fallan…, y ese ángel es Álex. Gracias Álex. Gracias Gaby».

¿Qué puede hacer un coach por ti?

Mejorar en su comunicación suele ser una de las grandes aspiraciones de los profesionales que reciben coaching. El medio (en este caso, cada uno de nosotros) es el mensaje. No hay auténtico liderazgo sin comunicación eficaz. En palabras del Mahatma Gandhi: «You must be the change you want to see in the World» (debes ser el cambio que quieras ver en el mundo). O, en otros términos «Nada ha cambiado, sólo yo he cambiado. Por lo tanto, todo ha cambiado» (Marcel Proust).

Debra Fine, una de las más reconocidas coaches de comunicación de Estados Unidos, autora de los superventas *Saber qué decir* y *Saber conversar*, nos propone trabajar sobre un decálogo de prioridades:

1. Preparar adecuadamente una «hoja de ruta»: qué quiero conseguir y cómo quiero conseguirlo.
2. Conocer a tu público. Por ejemplo, a tus hijos: qué es lo que más los avergüenza, su música favorita, de lo que se sienten más orgullosos, qué los enfada, su mayor desilusión, sus mejores recuerdos. O a tus clientes: «No desperdicies tu tiempo ni el de tus clientes con argumentos de venta generales. Si demuestras a tus clientes que comprendes lo que ellos desean y necesitan, construirás una relación en la que tengas la fidelidad del cliente».
3. Llevar la conversación por buen camino: Evitar las provocaciones, enfocar adecuadamente, conectar con el interlocutor.
4. Utilizar el silencio como un arma eficaz: hablar más despacio, hacer pausas, contar hasta diez… «Emplear el silencio de forma eficaz es una habilidad comunicativa avanzada».
5. Reconocer las señales de peligro en la comunicación del interlocutor: contacto visual, apretón de manos, la cabeza, efecto espejo, postura…
6. Identificar fuentes potenciales de conflicto: atención a los posibles detonantes; enfrentarse a problemas, no a personas.

7. Mejorar el sentido de la oportunidad: hablar de «nosotros», cuidar el proceso.
8. Irradiar energía positiva: magnetismo, sentido del humor, pasión no forzada a través del tono de voz, la expresión facial, el contenido del discurso, posturas de validación, afecto, alegría; impacto memorable; no subestimarnos ni sobreestimarnos.
9. Desarrollar la influencia conversacional: lenguaje asertivo, con acuerdos parciales, concesiones, repetición deliberada.
10. Cerrar con un broche de oro: finales felices o, en su defecto, la implantación de una estrategia de salida.

«La conversación —la conversación eficaz— es la clave para conseguir todo lo que consideras importante, tanto en tu vida profesional como en tu vida personal.»

Debra Fine

«El 80% del liderazgo que ejercemos en las organizaciones tiene lugar en el marco de conversaciones.»

Douglas McEncroe, experto en liderazgo

Comunicar en las presentaciones y comunicar para dirigir bien. La experta en gestión de la trayectoria profesional y directora general de Key Executive, Irene Martínez Porcar, ha comentado en su blog «Profesionales con marca propia» (18 de diciembre de 2010) los cuatro hitos clave de las conversaciones de dirección:

1. Las condiciones previas:
   - ¿Tu colaborador sabe? ¿Está preparado? Porque si no es así, tu objetivo será una conversación de entrenamiento, de formación; no está todavía preparado para establecer sus propios retos ni asumir compromisos.
2. Prepara la conversación:
   - Prepárate ti mismo: si no estás lleno de energía, ¿cómo vas a movilizarle para la acción?
   - Prepara la conversación: ¿qué datos observables puedes aportar? ¿Qué objetivos pretendes conseguir?

3. Crea el clima:
   - Empieza en positivo, basándote en la observación de su trabajo.
   - O... empieza en neutro si la conversación es de censura.

4. Quien pregunta, dirige:
   - Actúa como líder-coach, como jefe espejo, ¿qué es más motivador para tu colaborador?, ¿qué le mueve más a la acción: tus brillantes ideas o los retos que él mismo se plantea?
   - Sella un compromiso, ¿de qué manera vais a hacer el seguimiento y la comprobación de los resultados?[38]

Y sobre hablar en público, dejemos que nos guíe una experta del mundo de la televisión y de la empresa como Adriana Kaplan, la coach ejecutiva de los presentadores estrella de la televisión: «Si vas a hablar en público, no te pases de 20 minutos». «Las películas de Hollywood tardan meses en rodarse y tienen miles de horas. Pero las resumen en una hora y media. ¿Pretende usted ser más ameno que una película de Hollywood?» «¿Has visto las conferencias TED? Cada intervención dura 20 minutos.» «No lo entiendo. Resulta que esos ejecutivos que se pasan el día negociando duramente con otras empresas, que son hábiles comerciantes, hacen todo lo contrario en esta ocasión: agachan la cabeza y dicen sí cuando tienen que ir a un seminario. Deberían decir: 'Perdón, yo sé hablar de esto, y en sólo 20 minutos'. Punto». «¿Sabes por qué no cambian? Porque cuando terminan, se le acercan los pelotas para decirles que les ha encantado la charla.» ¿Y las presentaciones en Power Point? «El Power Point es secundario, pero los oradores se agarran a ello como una tabla de salvación porque no saben hablar en público.» Lo mejor, hablar sin PPT. Pero siempre que se sepan contar las cosas. Su regla preferida es que conviertan las palabras en imágenes. No aburrir. Contar historias.[39] Adriana Kaplan ha resaltado: «Se nota que en España no hay cultura de entrenamiento de la comunicación, y eso se paga».

«Una de las claves –quizá la clave– del liderazgo es saber comunicar una historia con eficacia.»

Howard Gardner (1943),
padre de las «inteligencias múltiples»

«Lo básico para ser un buen presentador es ser uno mismo. Es como comprar algo sin saber cómo funciona y tenerlo apagado. Es fundamental conocerse a fondo, con tus miedos, dificultades de comunicación ante determinadas situaciones, etc., porque la cámara es un chivato espantoso de toda esta serie de cosas. Un presentador sólo comunica cuando se conoce a sí mismo, antes es imposible.»

Adriana Kaplan,
directora general de AK La Comunicación

6. ¿POR QUÉ MERECES CONFIANZA?

«Si la gente se arregla todos los días el cabello, ¿por qué no el corazón?»

Proverbio chino

«No puede haber amistad sin confianza, ni confianza sin integridad.»

Samuel Johnson (1709-1784), poeta y ensayista británico

UNA CUENTA CORRIENTE EMOCIONAL QUE NOS APORTA BRILLO

Definir bien la confianza nos ayuda a impulsarla.

Me gusta la definición de Confianza del CIVSEM (Centro de Investigación de Valores Sociales y Empresariales, Fundación Tomás Pascual y Pilar Gómez Cuétara), que dirige Miguel Ángel Velázquez: confianza es la «seguridad que permite a las personas actuar con libertad para generar iniciativas y desarrollo. Es el gran motor de la acción y del potencial transformador». En CIVSEM señalan, muy acertadamente, que «sin confianza no hay brillo».

Stephen Covey, el autor de *Los siete hábitos de la gente eficaz* (más de 15 millones de ejemplares vendidos), define la confianza como una cuenta corriente emocional, con sus depósitos y sus reintegros. Tal vez la idea de «cuenta corriente» no sea la más feliz cuando de confianza se trata, destaca Irene Martínez, la gran experta en gestión de carreras profesionales, y efectivamente es así. Sin embargo, pensar en la confianza como en una secuencia, con acciones que generan y que restan confianza, puede resultarnos algo valioso.

Stephen Covey considera que hay seis «depósitos principales»:

- Comprender a la otra persona.
- Prestar atención a los detalles.
- Mantener los compromisos.
- Clarificar las expectativas.
- Demostrar integridad personal.
- Disculparse sinceramente cuando se realiza un «reintegro».

Su hijo Stephen M. R. Covey dedicó todo un libro a la confianza: *The Speed of Trust* (la velocidad de la confianza). Es, para el autor, el factor clave en la economía global. «¡Nada es tan rápido como la velocidad de la confianza!» Vivimos un enorme déficit de confianza. En 2005, antes de la crisis de las «subprime», el 22% de los estadounidenses creía en los medios de comunicación, el 8% creía en los partidos políticos, el 27% en el gobierno y el 12% en las grandes empresas. En una investigación del sociólogo británico David Halpern, creían en los demás el 34% de los ciudadanos de Estados Unidos, el 23% de los iberoamericanos y el 18% de los africanos. En el Reino Unido, la confianza en los demás ha pasado en cuatro décadas del 60% al 29%. La confianza se correlaciona con el desarrollo: el 68% de los nórdicos y el 60% de los holandeses creen que los demás son de fiar; México ha pasado del 19% al 31% en los últimos doce años. En el ámbito empresarial, con datos de Estados Unidos, el 51% de los profesionales confía en la dirección de sus empresas, el 36% cree que sus jefes actúan con honestidad e integridad y en los últimos doce meses, el 76% ha observado conductas ilegales o poco éticas en sus puestos de trabajo.

«La desconfianza multiplica por dos el coste de hacer negocios» (John Whitney, profesor de la Escuela de Negocios de la Universidad de Columbia). Stephen M. R. Covey nos invita a trabajar «las cinco olas de la confianza»: la autoconfianza o confianza en nosotros mismos, la confianza en las relaciones con los demás, la confianza organizativa, la confianza del mercado y la confianza social.

La primera ola de la confianza se basa en el Principio de Credibilidad. Y cuenta con cuatro núcleos: integridad (el valor de actuar en coherencia con nuestros valores y principios), intención (cuando nos preocupamos no sólo por nosotros mismos, sino por los demás), capacidad (aptitud —conocimientos y habilidades— y actitud —comportamientos—) y resultados («No basta con decir: 'Lo hicimos lo mejor que pudimos'. Tenemos que conseguirlo en lo que sea necesario», Winston Churchill). De las raíces del árbol a los frutos de éste.

La segunda ola de la confianza, la interpersonal, se concreta en trece comportamientos:

1. Hablar de forma directa (decir la verdad y dar la impresión adecuada, algo que, según las investigaciones, sólo consiguen el 40% de los directivos).
2. Demostrar respeto (sólo el 29% de los empleados creen que sus jefes realmente se preocupan por ellos).
3. Crear transparencia (ser abiertos, auténticos, genuinos).
4. Pedir disculpas y restituir la situación cuando sea necesario (¿podemos creer en la gente que nunca se equivoca?).
5. Mostrar lealtad (dar crédito a los demás, hablar de los otros como si estuvieran presentes).
6. Dar resultados (llevar una trayectoria de éxitos, hacer lo correcto, conseguir que las cosas se hagan, no prometer en exceso).
7. Mejorar cada vez (buscar *feedback*, mejorar las propias capacidades, superarse constantemente, aprender de cualquier circunstancia).
8. Enfrentar la realidad (coger el toro por los cuernos, reconocer lo que no se ha dicho, no evadirse, tomar las medidas adecuadas).
9. Clarificar las expectativas (debatir lo que se espera de cada uno y dejarlo claro, renegociarlo si hace falta, no violar las expectativas, no darlas por asumidas).
10. Practicar el reconocimiento (ser responsable y hacer responsables a los demás, comunicar con eficacia, dar al César lo que es del César).

11. Escuchar antes de hablar (entender para ser entendido, escuchar con los oídos, los ojos y el corazón, diagnosticar con eficacia, no asumir que ya tienes las respuestas de antemano).
12. Mantener los compromisos (decir lo que vas a hacer y cumplirlo, ser cuidadoso con las promesas, mantener los compromisos como el símbolo de tu honor, no romper las confidencias).
13. Extender la confianza (demostrar una importante propensión a confiar, ampliar la confianza a otros, actuar cuando la confianza se ha vulnerado).

La tercera ola de confianza la guía el Principio de Alineamiento. Dado que es la confianza y no la fuerza la que mantiene una organización, como nos enseñó el maestro Peter Drucker, es imprescindible compartir valores y líneas de actuación. En caso contrario, hay hasta siete «impuestos a la confianza», como son la redundancia, la burocracia, la mala política, el desenganche (falta de organización), la rotación (incluido el absentismo emocional), el «churn» (agitación, abandono de los clientes y/o accionistas) y el fraude (sabotaje, decepción, etc.). Una organización de alta confianza interna crea más valor, implanta mejor lo que se propone, es más creativa e innovadora, presta mejor servicio a sus clientes y a la sociedad, mantiene mejores alianzas y eleva su lealtad (menor rotación y absentismo emocional).

La cuarta ola de confianza es la del mercado, en la que la reputación es esencial. En los procesos de coaching solemos trabajar lo que denominamos la «humilde visibilidad». Por una parte, trabajar la reputación externa («al final es todo lo que tienes», como diría Oprah Winfrey); por otra, hacerlo sin excentricidades, de forma humilde y respetuosa con los demás. Es evidente que la reputación tarda años en crearse y puede destruirse (de una forma veraz o con falsedades) en cinco minutos.

La quinta y última ola de confianza es la social, que sigue el Principio de Contribución. Solemos confundir ciudadanía con filantropía. No necesariamente los mejores mecenas son los mejores ciudadanos en términos sociales.

«Nunca antes el mundo, tan transparente para la ciencia, la biología o la óptica, ha sido tan confuso para las ciencias humanas, entre las cuales la economía ha cambiado su benéfica administración de los recursos por su perversa condición de hacer el mal. Arrinconar a los más pobres, arruinar a los incautos, someter de la humillación al poder político. ¿Qué norma impide a la política encarcelar a la mafia especulativa, neutralizar a los que hunden la solvencia de un país para lucrarse con el incremento de su menesterosidad?»

Vicente Verdú, pensador español, 31 de diciembre de 2010

En el liderazgo, la mayor responsabilidad es generar confianza. Hay dos tipos de confianza que generamos en los demás: la confianza del experto, por nuestra competencia técnica, y la confianza en la persona, por nuestro carácter.

¿Qué tal un poco de ternura?

«La ternura es la mezcla de la dulzura y el amor, un estado de ánimo profundamente humano que reconforta a quien la recibe y conmueve a quien la ofrece. Resulta indispensable para que los niños crezcan, para que los enfermos se recuperen, para aliviar las penas... Pero en ocasiones no somos capaces de sentirla porque supone también enfrentarnos a nuestra propia debilidad», ha escrito Christophe André, autor de *La fuerza de las emociones*. La ternura es un estado de ánimo, la expresión más altruista del cariño, en la que no buscamos la propia satisfacción sino la del otro. Es el amor sin deseo, sin pasión, sin sexo.

«En el arte, como en el amor, la ternura es lo que da la fuerza.»

Oscar Wilde (1854-1900), escritor irlandés

El Diccionario de la Real Academia de la Lengua define la ternura como «cualidad de tierno» y tierno, en su quinta acepción, como «afectuoso, cariñoso, amable». El diccionario de María Moliner afirma que «ternura es una actitud cariñosa y protectora hacia alguien». Lamentablemente, muchos confunden en las relaciones interpersonales ternura con debilidad, por cuanto la persona se da al otro, no trata de imponerse. «Aun así temo tu naturaleza. Demasiado rebosa con la leche de la ternura humana como para escoger el camino más corto. Desearías ser grande y ambición no te falta, aunque sí la maldad que debe servirla», le dice Lady Macbeth a su marido para convencerlo de que realice actos malvados. Una persona engreída, soberbia, autosuficiente, no puede inspirar ternura ni dedicar su tiempo a la ternura hacia los demás.

¿Qué relación hay entre la ternura y la confianza? Citando de nuevo al psiquiatra francés Christophe André, la ternura, «esta dimensión más evolucionada del amor es la prueba definitiva de que una relación está basada en la confianza». La ternura como «prueba del nueve» de la confianza entre las personas.

Gustavo Ferris nos propone cultivar la ternura a través de tres pasos:

1. Empezar por valorar como una riqueza la propia capacidad de sentir y expresar ternura. Si no la aprecio, la reprimo, como una debilidad.
2. Proponerse cuidar ese sentimiento, darle relieve, hacerlo subir a la consciencia, y alegrarse de sentirlo, porque siempre humaniza a la persona.
3. Buscar ocasiones oportunas para expresarlo, con libertad interior y con la convicción de que es un bien, un regalo, siempre gratificante, pero expresado con humildad, es decir, sin pretender la misma respuesta.[40]

La ternura es una donación, no se puede exigir contraprestación. Nace espontánea pero crece cultivada. Habitualmente la practica quien la ha recibido.

Una gran película sobre la confianza

Probablemente el mejor ejemplo reciente del valor de la confianza para unir a un pueblo es el de Nelson Mandela.

Invictus fue estrenada el 29 de enero de 2010 en los cines españoles (la premier fue en Beverly Hills el 3 de diciembre de 2009 y el estreno mundial, en Estados Unidos, Canadá y Sudáfrica, 8 días después). Basada en el libro *El factor humano* (2008), del periodista John Carlin, esta película dirigida por Clint Eastwood e interpretada por Morgan Freeman y Matt Damon, trata de los primeros meses de Nelson Mandela como presidente electo de Sudáfrica y de cómo este líder contribuyó a que el equipo nacional de rugby, los Springboks (durante el *apartheid*, uno de los mayores símbolos de la separación racial) ganaron el Campeonato Mundial de 1995.

En mi blog «Hablemos de Talento» (10 de enero de 2010) definía el 2009 como «el año Guardiola» y el 2010 como «el año Mandela». La ONU ha declarado el 18 de julio, día de su nacimiento, «Día internacional de Nelson Mandela» comenzando en 2010. Richard Stengel, que ayudó a Nelson Mandela a escribir su autobiografía y con el que comparte una gran amistad, escribió *8 lecciones de liderazgo de Nelson Mandela*, que son las siguientes:

1. «El coraje no es la ausencia de miedo. Es inspirar a otros para sobreponerse a él.»
2. «Hay que dar el primer paso, pero sin dejar atrás a tu equipo.»
3. «Debes liderar desde la retaguardia... pero hacer creer a los otros que estás en la vanguardia.»
4. «Conoce bien a tus enemigos... y aprende de ellos.»
5. «Hay que mantener a los amigos cerca... y a los enemigos, aún más.»
6. «Las apariencias son muy importantes... y también sonreír.»
7. «Nada es blanco o negro.»
8. «Rectificar también es una muestra de liderazgo.»

A lo largo de 2010 tuve el privilegio de compartir conferencias con John Carlin en La Coruña, San Sebastián y Vigo, lo que me ha permitido saber mucho más sobre la personalidad de Mandela, el gran líder que ennoblece la política. Gracias a la

Asociación para el Progreso de la Dirección (APD), hemos podido realizar varios Cine Fórum Empresariales de *Invictus*, que he tenido el honor de moderar, en Madrid (con el embajador de Sudáfrica, Vusi Bruce Koloane; Raúl González Blanco, entonces capitán del Real Madrid; el portavoz de la Federación Española de Fútbol, Jorge Carretero y Nekane Rodríguez, directora general de Creade) y en varias ciudades españolas.

> «Su secreto es que cuando conoce a alguien no duda ni un instante de que le va a caer bien a su interlocutor.»
>
> John Carlin (1956), sobre Nelson Mandela

Invictus (en latín, indomable) es un poema de William Ernest Henley (1849-1903), escrito desde la cama de un hospital cuando le iban a amputar una pierna por tuberculosis ósea. Nelson Mandela tuvo consigo ese poema mientras le mantuvieron encarcelado en Robben Island. John Carlin, que estuvo seis años como corresponsal en Sudáfrica (1989-1995), me ha comentado en alguna ocasión que realmente este poema es de lo más inspirador para Mandela.

INVICTO

Desde la noche que sobre mí se cierne,
negra como su insondable abismo,
agradezco a los dioses si existen
por mi alma invicta.
Caído en las garras de la circunstancia
nadie me vio llorar ni pestañear.
Bajo los golpes del destino
mi cabeza ensangrentada sigue erguida.
Más allá de este lugar de lágrimas e ira
yacen los horrores de la sombra,
pero la amenaza de los años
me encuentra, y me encontrará, sin miedo.
No importa cuán estrecho sea el camino,

cuán cargada de castigo la sentencia.
Soy el amo de mi destino;
soy el capitán de mi alma.

«El perdón libera el alma. Remueve el miedo. Por eso es un arma tan poderosa.»

Nelson Mandela, en la película *Invictus*

«Los tiempos cambian. Debemos cambiar con ellos.»

François Pienaar, capitán de los Springboks, en la película *Invictus*

Modelos de excelencia: Ana María Llopis

Sólo si crees en ti misma, logras grandes cosas.

Ana María Llopis es uno de los mejores directivos de nuestro país, sin lugar a dudas, y lo ha demostrado con creces. Ana María Llopis Rivas es doctora en Ingeniería de Materiales por la Universidad de Berkeley, California, y en su trayectoria profesional destacan empresas como Procter & Gamble (suyo es aquel lema del detergente Ariel, «Corra la voz», precedente del Buzz Marketing), Playtex y Banesto (aquella campaña de la Cuenta Única: «Déjelo todo y vaya a por ella»). Cuando un servidor la conoció, en 1995, era la consejera delegada de Openbank —Grupo Santander—, en aquel momento el principal banco de Internet en España y el segundo en Europa y tenía un equipazo directivo para lanzar esa entidad financiera. En Euroforum (El Escorial) hicimos «coaching de equipo» con el comité de dirección, para impulsar la cohesión de un equipo de alto rendimiento cuyos profesionales provenían de las más diversas culturas. Recuerdo de esa época las comidas en El Charolés, hablando de ciencia, de arte, de filosofía. Ana María Llopis estuvo en el Grupo Santander hasta el año 2000. Posteriormente, ha sido consejera de Reckitt-Benckiser y en la actualidad pertenece al consejo supervisor del banco holandés ABN-Amro, es vicepresidenta de la Fundación José Félix Llopis de Arte Iberoamericano y creadora de ideas4all (www.ideas4all.com), definida en la Wikipedia como «una red social vertical en torno al mundo de las ideas que permite a los usuarios compartir las suyas evitando que se desperdicien, y así ayudar a la construcción del 'Global Brain'. La web permite a los usuarios publicar, valorar y compartir ideas en distintos lenguajes en un espacio que fomenta la innovación, el intercambio y la transferencia de conocimiento. Su objetivo último es convertirse en la mayor comunidad en Internet en torno al mundo de las ideas, un inmenso banco de ideas mundial. Las ideas pueden ser etiquetadas, y pueden incluir imágenes y vídeos, siendo comentadas y votadas por los usuarios». En el verano de 2010, esta red social cuenta con unos cuatro millones de euros de financiación, gracias a aportaciones de personalidades empresariales como Peter Wook (creador de Direct Line en Reino Unido y posteriormente Línea Directa), Ángel Durández (presidente de la OJD y consejero de Telecinco y Repsol), Stanley Bendelac (fundador de Delvico), Luis Cacho (presidente de Arsys), o Mercedes Domingo (dueña y fundadora de FunnyDoors).

Recientemente he tenido la suerte de escuchar a mi admirada Ana María Llopis en varios foros. Hemos coincidido en el Ágora Talentia de Navarra, en el que también participaron Richard Florida y Ken Robinson, y en el curso de verano «Crisis y Creatividad» en el Palacio de la Magdalena en 2009. La Dra. Llopis es una gran experta en tecnología, una gran impulsora del talento a través de las comunidades humanas y una auténtica defensora de la tolerancia (de la gestión de la diversidad). Por si todo esto fuera poco, tiene un blog llamado «Quatre mots» (cuatro palabras): <http://quatremots-anamariallopis.blogspot.com>. Es una preciosidad, una obra de arte. En su blog podemos leer cuentos cortos, ver dibujos al natural de piezas de museo, reflexiones varias... Maravilloso.

En una entrevista en *Expansión* de septiembre de 2008 podíamos leer: «Ana María Llopis es más que la mujer a la que Emilio Botín dio un cheque en blanco para lanzar el primer banco *online* de España, Openbank. Pero este gran proyecto se ha convertido en su carta de presentación dentro de Internet. Era el año 1993 y, poco después de esta iniciativa, creó el primer *broker online*, Open Value, también dentro del Santander. Dejó el banco al recibir la llamada de la César Alierta para lanzar Viaplus, un proyecto de venta *online* de Tabacalera y Cortefiel; y de allí se fue con Ana Patricia Botín como consejera delegada de la consultora de servicios integrales en Internet, Coverlink. Ahora acaba de lanzar la plataforma ideas4all.com, impulsada por una sospecha: «Hay una reserva mundial de ideas completamente desperdiciadas y hemos creado un espacio donde plantear preguntas y dar soluciones», asegura Llopis. [...] Llopis es una experta en lanzar webs en tiempo récord. Ya lo demostró cuando puso en órbita Open Value, mano a mano con Eva Castillo, de Merrill Lynch. «Nadie se creía que pudiéramos crear un *broker online* en un año, tampoco los asesores de Botín, y Eva y yo lo hicimos en dos meses», recuerda Llopis. Recuerda que en Openbank, fueron cerca de mil millones de las antiguas pesetas las que se invirtieron para crear el primer banco *online*. «Gastamos en tres años lo que el portal Patagon gastó en tres meses», puntualiza. La salida de Ana María Llopis del Santander se produjo después de la fusión de la entidad con el Banco Central Hispano y la posterior compra del portal financiero Patagon, en un momento de fiebre tecnológica. «Después de esta compra, Openbank cambió y yo dejé el proyecto con 120.000 clientes y el potencial de haber sido un banco de un millón de usuarios. Hoy, el portal financiero debe de tener alrededor de 400.000 clientes y es rentable».

Llopis guarda un buen recuerdo de esta etapa. Fue el primer proyecto en Internet de esta mujer licenciada en Físicas, que llegó a España después de conocer a su marido estudiando un posgrado en la universidad norteamericana de Berkeley. Han transcurrido 15 años desde entonces y ha vivido la primera gran crisis de Internet, que ya parece olvidada. «Me contrató César Alierta para lanzar Viaplus, pero luego él se fue a Telefónica y el interés de los accionistas por el portal no fue el mismo. Vino el descalabro de Internet y terminé marchándome», señala Llopis.

También ha estado trabajando como programadora y profesora de informática y su carrera internacional ha estado ligada al sector financiero: pertenece al consejo del banco ABN Amro y al de la tabaquera BAT. En 2004, la revista *Times* la incluyó entre los 100 ejecutivos más influyentes en Reino Unido. [...] Si hoy Ariel Automática es un producto del que todo el mundo ha oído hablar se debe, en parte, a esta mujer. Ana María Llopis fue la encargada de lanzar esta marca de jabón cuando era directora de Marketing en Procter & Gamble. Al marcharse de P&G era responsable del 70% de la producción de la compañía. Acudió a la llamada de Playtex España para encargarse de hacer rentable la división de España y así evitar el despido de 350 mujeres de la fábrica de Cataluña. Y lo consiguió.

¿Cómo taparse de la lluvia, con un niño en brazos y la compra? Ésta es una de las preguntas que un internauta dejó como preocupación en ideas4all.com. La solución llegó a través de otra internauta que ofreció una detallada explicación de un paraguas adaptado a la mochila del niño. Esta idea es susceptible de ser comercializada por alguna marca de ropa de bebé que entienda el mercado potencial que existe para este artefacto. Este diálogo es el punto de partida del modelo de negocio del portal: «En principio, se busca la entrada de empresas que patrocinen la web y, a medida que la comunidad crezca, también la publicidad».[41]

Seis reflexiones de Ana María Llopis con la letra M:

1. *Mujeres,* claves del siglo XXI. La primera reflexión es reconocer el rol que según AML desempeñará el género femenino en la economía de este siglo.
2. *Metamorfosis.* «Nos tenemos que reinventar.» Para ello, el papel de la educación se convierte en fundamental, eliminando mitos sobre sectores donde la mujer no ha estado históricamente presente, como la ciencia y la tecnología. «Se les debe quitar ese miedo en el bachillerato.»
3. *Malabarismos* para llegar a todos los rincones de la vida cotidiana. Sobre todo las mujeres, según Llopis, asumen compatibilizar numerosas funciones familiares y laborales.

4. *MBA* es otra de las claves. Llopis anima a las futuras empresarias a formarse y a estudiar posgrados de administración de empresas para crear sus propias compañías.
5. *Monetizar*, estar pendiente de la caja. Esta empresaria cree que las mujeres suelen solicitar menos dinero. «Tenemos que aprender a pedir más» y convertir así las ideas en recursos con los que invertir. «Asumimos menos riesgos», por eso, a las dueñas de los negocios les cuesta más encontrar recursos.
6. *Multitudes*, contar con las masas. «Las redes sociales pueden ayudar a saber si nuestro proyecto es bueno o es malo –asegura–. Gracias a ellas se consiguen cosas increíbles.» Esta emprendedora cuenta cómo consiguió en Twitter un bonito regalo: nada menos que 500.000 euros para el capital de su iniciativa empresarial.[42]

¿Qué puede hacer un coach por ti?

Es muy difícil, por no decir imposible, trabajarse la confianza uno mismo sin una ayuda externa. Sabemos que es uno de los principales ingredientes en nuestra actuación vital y en nuestra relación con los demás; sin embargo, o bien somos benévolos al respecto (por lo que los psicólogos llaman «teoría de la atribución», solemos creernos más seguros de nosotros mismos y más fiables ante los otros de lo que realmente somos, porque utilizamos un doble rasero de benevolencia para los depósitos y los reintegros de confianza en nuestra cuenta corriente emocional) o creemos erróneamente que la confianza no se crea ni se destruye, se tiene o no se tiene, es demasiado «blandengue» o volátil y, por tanto, poco se puede hacer para generarla o, peor aún, para recuperarla. Y sin embargo la confianza es real, medible y cuantificable, se debe gestionar (tratar de elevarla ante los demás) y, aunque es difícil, se puede restaurar si se ha perdido. El mayor riesgo, como profesional y como persona, es no ser de fiar, no ser digno de crédito ante lo demás, y no percatarse de ello.

«Los buenos equipos se convierten en grandiosos cuando confían los unos en los otros lo suficiente como para entregar el mí por el nosotros.»

Phil Jackson (1945), mítico coach de baloncesto

Un coach debe trabajar eficazmente contigo este asunto de la confianza. A todos los niveles, de carácter y de competencia. En el primer nivel, de la autoconfianza, la seguridad en uno mismo, que es la combinación de autoestima (querernos de verdad a nosotros mismos) y autodignidad (sabernos sujetos de derechos y actuar en consecuencia). La autoconfianza, bien diferente de la arrogancia, se debe trabajar seriamente, en los pensamientos, el lenguaje y los actos cotidianos.

En la segunda ola, la de las relaciones personales, un coach eficiente repasará contigo con quién te relacionas (en el ámbito profesional y personal), qué valoras positiva y negativamente en cada una de esas relaciones y hará lo posible para que no caigas en el «efècto halo» (esta persona me cae genial y le perdono todo, aún a riesgo de que sea un «vampiro emocional» para mí; esta persona me cae fatal y me siento incapaz de ver algo bueno en ella). De la reflexión sobre las personas a nuestro alrededor suele surgir un importante descubrimiento sobre cómo nos vemos a nosotros mismos y un plan de acción en nuestra relación con determinadas personas (asertividad, delegación, serenidad, mayor confianza, etc.).

En la tercera ola, la organizativa, un coach puede ayudarte a situar tus ambiciones profesionales, a analizar qué ha provocado tus promociones (en términos de competencia profesional y de carácter personal) y qué ha determinado ciertos «techos de cristal» que te pueden haber impedido ascensos. En la gestión de tu trayectoria profesional, los objetivos del plan de acción han de ser coherentes con ese nivel de confianza tuyo en la organización y de la organización en ti.

En la cuarta ola, la del mercado, un coach te ayudará a trabajar tu reputación, esa «humilde visibilidad», siempre en función de tus deseos y tu proyecto vital. Y así clarificarás qué debes hacer, dónde debes acudir, en qué grupos debes participar, con quién debes relacionarte, etc.

Y finalmente en la quinta ola, la de la confianza social, un coach te va a ayudar a gestionar tu agenda no sobre la base de la urgencia (como habitualmente hacemos todos nosotros, cuando no trabajamos en ello), sino de la importancia: qué tiempo debemos dedicar –cuánto y cuándo– al altruismo, a la colaboración con los más necesitados, a nuestro cultivo personal (artístico, cultural, deportivo), a nuestra vida familiar y con amigos. Es importante contar con objetivos en esta línea y alcanzarlos.

«Creer en algo y no vivirlo es deshonesto.»

Mahatma Gandhi (1869-1948),
pensador y político indio

«Nunca somos tan vulnerables como cuando confiamos en alguien. Paradójicamente, si no podemos confiar no encontraremos el amor o el disfrute.»

Walter Anderson, historiador británico fallecido en 1800

Sin amor y sin disfrute (que genera la confianza), la vida vale mucho menos.

PARTE C

¿CÓMO OBTIENES TU PRESENTE?

7. ¿QUÉ TE ILUSIONA?

«Cuando acaba el deseo empieza el temor.»
Baltasar Gracián (1601-1658), pensador español

«Te animo a hacer de tu vida una obra de arte. Te animo a unirte a las filas de aquellos que viven lo que enseñan, que practican lo que predican.»
Anthony Robbins (1960), orador motivacional

SÓLO DE ILUSIÓN SE VIVE

Si queremos adentrarnos en lo que la ilusión significa, hemos de empezar por el *Breve tratado de la ilusión* que el maestro Julián Marías (1914-2005), premio Príncipe de Asturias de Comunicación y Humanidades, escribió hace un cuarto de siglo. Un libro precioso, en el que el filósofo nos descubre que la palabra ilusión, que en todos los demás idiomas significa «burla, escarnio», en castellano adquirió además una acepción positiva. Fue probablemente el poeta extremeño José de Espronceda (1808-1842) el descubridor del nuevo sentido de la voz «ilusión», como «lo que generaría la felicidad del individuo si se realizase». Aparece en su poema «El Pelayo», en *El estudiante de Salamanca* (1840):

«Una ilusión acarició su mente:
alma celeste para amar nacida,
era el amor de su vivir la fuente,
estaba junto a su ilusión la vida».

Tras la labor pionera de Espronceda, utilizan ilusión como algo deseable e inspirador sus compañeros literarios Zorrilla, Hartzenbusch, Ventura de la Vega, Alberto Lista, Tamayo y Baus o Juan Valera. La ilusión (en positivo) como innovación romántica española. Julián Marías destaca: «Los Schlegel, Tieck, Heine, Borrow, Richard Ford, Stendhal, Gautier, hasta Edmundo de Amicis ya en la segunda mitad del siglo, se sienten inclinados a conocer lo español y encuentran en ello vida, pasión, entusiasmo, algo distinto del utilitarismo, de la ambición, sobre todo económica, del gris que creen percibir en otras porciones de nuestro continente, incluso en sus naciones propias»; porque «España no es inteligible, especialmente en los últimos dos siglos, si no se la ve como distendida entre esa dualidad ilusión-desilusión». Una reflexión poderosa del que fundara, junto con su maestro Ortega y Gasset, el Instituto de Humanidades.

La ilusión, según el gran Julián Marías, es de «condición futuriza», no puede reducirse a alegría o entusiasmo, porque significa anticipación. «Víspera del gozo» (en palabras de otro de nuestros grandes poetas, Pedro Salinas). Posee un «carácter fontanal», inseparable del deseo (condición necesaria, pero no suficiente); pero es un «deseo con argumento», asociada a la vida biográfica (que va más allá de la vida biológica), con un carácter dramático que el deseo no posee. «No se puede 'contar' un deseo, sino analizarlo o describirlo, pero sí una ilusión.» Estar ilusionado no es una emoción (la emoción es pasajera, es una «agitación del ánimo») sino una pasión (algo duradero, que permanece). Por eso, la ilusión puede ser (debe ser, añadiría un servidor) una forma de vida. «La vida ilusionada se proyecta vectorialmente en muchas direcciones, con intensidades variables, con resultados inciertos y azarosos.»

Ilusión y vocación. Julián Marías nos recordaba en su *Introducción a la filosofía* (1947) que «oscilamos, pues, entre el azar y la necesidad; a la combinación de ambos se llama desde hace milenios destino, pero no se ha solido entender bien, porque se lo ha interpretado casi siempre desde una mentalidad de 'cosas', no como destino personal. Y quien gobierna esa pareja y enemiga azar-necesidad –que habita en la imaginación– es la libertad. El destino tiene que ser aceptado, adoptado, apropiado, hecho 'mío'; no es objeto de elección, pero tiene que ser elegido; sólo así es rigurosamente destino personal o, con otro nombre, vocación. En rigor, nunca me siento más 'yo' –yo mismo– que frente a un contenido azaroso que irrumpe en mi vida, cuando reacciono a él de una manera que brota de la raíz de mi persona; cuando descubro en él el destino que no se elige, y elijo hacerlo mío, serle fiel; en otras palabras, elijo ser yo ese azar inelegible». Por eso, «el destino es mi vocación y la realidad de ésta es lo que llamamos felicidad». Maravillosa resolución de un dilema que a muchos agobia y atenaza.

La ilusión es el gran ingrediente de toda vocación, el que mide el grado de autenticidad de las diversas trayectorias vitales. «Lo que más puede descubrir a nuestros propios ojos quiénes somos verdaderamente, es decir, quién pretendemos ser últimamente, es el balance insobornable de nuestra ilusión.» Ilusión por uno mismo, su «mismidad» (vocablo de don Julián que no debemos confundir con narcisismo). Como explica Miguel de Unamuno en su *Abel Sánchez*, uno de los mejores análisis sobre la envidia, este pecado surge de la falta de amor a uno mismo. La ilusión en la amistad, que solía practicarse en las tertulias (las auténticas, tan diferentes de los actuales debates televisivos con tanta mala educación, las valiosas tertulias que se van perdiendo). La amistad como «con-curso» de dos vidas, como la paradigmática de Don Quijote y Sancho. La amistad del maestro y el discípulo; la de varón y la mujer, la amorosa. Julián Marías, en el tratado sobre la ilusión, nos pone como ejemplo *Pepita Jiménez* (1874), de Juan Valera: la historia de una espléndida ilusión. «El enamoramiento consiste en que la persona de la cual estoy enamorado se convierte en mi proyecto. No tengo proyecto hacia ella, sino con ella, como ingrediente de mi proyecto. Sin ella, no soy en rigor yo.» El profesor Marías nos habla del amor como forma de vocación personal.

La ilusión de la presencia, como en aquel poema de san Juan de la Cruz:

«Cuando tú me mirabas,
su gracia en ti mis ojos imprimían;
por eso me adamabas,
y en eso merecían
los míos adorar lo que en ti vían».

Aunque evidentemente existe el verbo ilusionarse, para Julián Marías «el verbo de la ilusión es desvivirse». Una palabra renacentista, acuñada por el doctor Andrés Laguna (1499-1559). «Cuando el español se interesa profunda y apasionadamente por algo, cuando siente amor, afán, solicitud, cuidado, preocupación, inquietud, impaciencia o viva esperanza, decimos que se desvive.»

Julián Marías concluye su breve y profundo tratado: «¿No es asombroso que la palabra *illusio*, 'engaño', 'escarnecimiento', 'burla' o 'error', palabra resabiada, cautelosa, escéptica, haya venido a significar la versión inocente, activa, confiada, amorosa hacia la realidad, y sobre todo la realidad personal? La forma plena y positiva de desvivirse es poseer ilusión: es la condición de que la vida, sin más restricción, valga la pena ser vivida. Esas dos palabras nuestras tan españolas nos permiten descubrir, desde nuestra propia instalación, una dimensión esencial de la vida humana, su condición amorosa, su inseguridad, su dramatismo»[43]

«Tenemos que ilusionarnos con las oportunidades para superar las dificultades.»

Félix Cuesta, experto español en marketing

«Sería un desgraciado de la vida si no siguiera teniendo ilusión. A mí me encanta competir. Mi ilusión es ser siempre mejor, superarme cuando tengo problemas y adversidades, como en 2009.»

Rafael Nadal (1986), tenista número uno del mundo

Ilusión. El Diccionario de la Real Academia de la Lengua Española la define de una manera preciosa: «Esperanza cuyo cumplimiento parece especialmente atractivo». Un menú con tres platos esenciales:

- El entrante, la esperanza. «Donde la esperanza no existe, no puede existir el esfuerzo», Samuel Johnson. Cuando no hay esperanza, lo que vivimos es un infierno («Abandonad toda esperanza» era el lema de la entrada del infierno en la *Divina Comedia* de Dante).
- El principal, el cumplimiento. El maestro Peter Drucker, padre del management, lo dejó muy claro: «El liderazgo efectivo no va de dar discursos y que te quieran; el liderazgo se define por los resultados, no por los atributos». Si no hay logro, si no hay resultados, si no hay cumplimiento, sólo quedan promesas frustradas.
- El postre, la atractividad. Los griegos lo llamaban *carisma*, ese don que actúa como un imán. Hay proyectos atractivos, personas atractivas, equipos atractivos, empresas atractivas, sociedades atractivas. «El poder es la fuerza interior que todos tenemos y que nos permite el autodominio», Catalina Mena.

La ilusión es nuestro generador de energía. Retomando la acidez del creativo Paul Arden: «Energía. Constituye un 75% del trabajo. Si no la tiene, sea amable».

Un decálogo para amargarnos la vida

O nos ilusionamos, nos desvivimos, o nos amargamos la vida.

Paul Watzlawick (1921-2007) es uno de los padres de la «teoría de la comunicación humana». Junto con John Weakland y Richard Fisch creó la Escuela de Palo Alto (Mental Research Institute), que definió el cambio como «la permutación de un estado de cosas a otro estado de cosas, que por lo general consideramos más beneficioso, ya sea en el plano personal, interactivo (con individuos u objetos) o social». Autor de 18 libros, en los años ochenta publicó *El arte de amargarse la vida* (Herder, Barcelona, 1989). A través de historias, viñetas, cuentos, refranes, etc., nos va dando, de forma irónica y humorística, «consejos» para que nuestra existencia sea desdichada. De su amena lectura podemos extraer un decálogo para ser francamente infelices:

1. Añoranza. Aférrate al pasado, de manera que no tengas tiempo de ocuparte del presente. No importa lo delicioso que pueda ser el presente o lo promisorio del futuro; el pasado es lo que cuenta.
2. Sé fiel a ti mismo. Convéncete de que sólo hay una opinión correcta, que es la tuya. Tú tienes la razón y siempre la tendrás. Preocúpate por todo, incluso por lo que no es importante, y date cuenta de que todo el mundo va de mal en peor.
3. Haz pronósticos o déjate profetizar un hecho que temes, hasta que se convierta en una profecía que se cumple a sí misma. Haz las cábalas más descabelladas. Dale vueltas una y otra vez a lo malo que has dicho, que has hecho, que has pensado o que ha ocurrido.
4. Impaciencia. Fíjate una meta y cuando la alcances (puede haber sido por pura suerte), no la disfrutes en absoluto. Márcate otra aún más difícil y así sucesivamente.
5. Victimismo. Convéncete de que eres una pura víctima de las circunstancias, no eres el protagonista. Lo que te haya podido causar Dios, el mundo, el destino, la naturaleza, la genética, la sociedad, los padres y demás familia y, sobre todo, los amigos es de tal gravedad que sólo imaginarte que pudieras poner algún remedio a la situación sería como mínimo una ofensa.
6. Exceso de cautela. Rechaza o elude una situación que te parezca peligrosa, aunque te intenten hacer ver que el peligro ya ha desaparecido.
7. Inmovilismo. Asegúrate de que, por mucho que cambien las circunstancias, conviene más «lo malo conocido que lo bueno por conocer».
8. Egoísmo. En las relaciones interpersonales, es mucho mejor escudriñar los pensamientos de la otra persona y actuar en consecuencia. Si te es posible, incluye unos

cuantos reproches hacia el otro que contengan tintes de violencia y ambigüedad.

9. Insaciabilidad. Frústrate al recibir un regalo sólo por haber expresado anteriormente el deseo de recibirlo.
10. Derrotismo. En la relación con otra persona asume la perspectiva maniquea de ganar o perder, para poder garantizar no sólo esa relación sino otras futuras.

En el epílogo de *El arte de amargarse la vida*, Watzlawick escribe: «La regla fundamental que dice que el juego no es ningún juego sino algo tremendamente serio, hace que la vida sea un juego sin fin que sólo la muerte acaba. La única regla que podría poner fin a este juego no es ni siquiera una regla de este juego, tiene varios nombres y en el fondo significan lo mismo: honradez, confianza, tolerancia. Si lo creyéramos, también sabríamos que no sólo somos los creadores de nuestra desdicha sino que del mismo modo podríamos crear nuestra felicidad».[44] En definitiva, si somos desdichados es porque queremos.

En busca de la felicidad

La felicidad tenemos que buscarla a través de la ilusión, como nos enseñan algunas grandes obras del cine.

Una de las películas de más éxito de 2006 fue *En busca de la felicidad* (*The Pursuit of Happyness*), protagonizada por Will Smith y su hijo Jaden Smith. Basada en la historia de Christopher Garden (Milwaukee, 1954), un comercial que invierte en 1981 en un «escáner de la densidad de huesos» para médicos (el doble de caro y con una tecnología ligeramente superior a los rayos X convencionales) y que acaba en la ruina, por lo que termina viviendo en el metro con su hijo pequeño. Un día, paseando por la calle, se encuentra con un hombre que baja de un deportivo de color rojo y le pregunta qué hace y cómo lo hace. «Soy agente de bolsa.» Con un enorme esfuerzo, Garden aprueba el examen para un período de prácticas (no remunerado) en la sociedad de valores, supera el semestre y es fichado por la compañía y a los cinco años monta su propia empresa, que vende por una cifra multimillonaria. Un ejemplo del «sueño americano».

Hemos de perseguir un sueño. Hay una preciosa escena en *En busca de la felicidad* en la que Will Smith aprende de su hijo (en la película y en la realidad) que no debemos abandonar nuestros sueños. «Nunca dejes que nadie te diga que no puedes hacer algo. Si tienes un sueño, tienes que protegerlo.» Un reto personal para conseguir la fluidez elevando nuestras capacidades.

En la actualidad, Chris Gardner se dedica a invertir en Sudáfrica para crear allí puestos de trabajo y colabora con varias organizaciones como Cara Program y la Iglesia Metodista de San Francisco, la que más ayudó a él y a su hijo en los primeros ochenta. Ha recibido el Premio al Padre del Año en 2002, el 25º Premio Anual Humanitario y el Premio Amigos de África de 2006. Su historia pasó inadvertida hasta que apareció en el programa de televisión *20/20* en 2003. Una editorial le propuso escribir sobre su vida y Columbia Pictures decidió llevarla a la gran pantalla en 2006. De *homeless* a Hollywood. Todo es posible.

> «Por razones que no puedo explicar, sabía en cada fibra de mi ser que el mundo de los *brokers* estaba hecho para mí.»
>
> Chris Gardner

Modelos de excelencia: Enrique Sánchez de León

La ilusión es un componente estratégico, aunque no lo parezca, en el mundo de los negocios.

Enrique Sánchez de León es director general de la Asociación para el Progreso de la Dirección (APD) desde 2003. APD es una entidad privada, independiente, sin ánimo de lucro y con proyección internacional que desde 1956 «impulsa y actualiza la formación y la información de los directivos de empresas y de los empresarios a través de actividades de difusión del conocimiento, capacitación y mejora profesional». Es la asociación empresarial más antigua de España; en sus inicios estuvo inspirada en la American Management Association y actualmente cuenta con presencia en 12 comunidades autónomas y realiza unos 350 actos al año para más de 3.000 empresas y 180.000 directivos.

He tenido el privilegio de compartir con Enrique Sánchez de León numerosas jornadas de APD, Cine Fórum Empresariales y la Convención de APD «El camino de la Reactivación», celebrada en Santiago de Compostela los días 2 y 3 noviembre de 2010, al que acudimos 1.500 directivos. Hasta he jugado a la Wii contra él en el primer «After work» de APD en Barcelona (me pegó una paliza espectacular en esgrima). Enrique Sánchez de León ha prologado dos de mis libros, *TGP. Tu gurú particular* (2000) y *Liderazgo, empresa y deporte* (2008).

> «Se puede competir con mucha innovación, con productos diferenciales. Y, sobre todo, aumentando nuestra productividad, que es una de las más bajas no ya de Europa, sino del mundo.»
>
> Enrique Sánchez de León

En el Congreso de AEDIPE 2009 celebrado en Port Aventura, Enrique Sánchez de León presentó el *Track 1: Los nuevos escenarios económicos y su impacto en la dirección de personas*, en el que aportó siete claves sobre cambios en el entorno:

- Hacer más con menos.
- Cambiar las formas de retribuir.
- El mundo tendrá más multiculturalidad y Europa dejará de ser el centro.
- Hacen falta grandes líderes y muchos microlíderes.
- La edad media de la población se alarga.
- La necesidad de gestionar el compromiso.
- Un sistema de valores (ética, esfuerzo, rentabilidad).

Enrique es una persona calmada, elegante, divertida, gran conversador, de un trato exquisito con los demás, que se apasiona con los retos profesionales (que APD siga avanzando en su misión de ayudar a los directivos) y personales (es, por ejemplo, paracaidista). Como líder de un equipo muy amplio geográficamente, ha impulsado una cultura corporativa «marca de la casa» y un clima laboral de satisfacción, rendimiento y desarrollo.

¿QUÉ PUEDE HACER UN COACH POR TI?

¿Puede un coach motivarte? En absoluto.

Como me gusta repetir, «nadie motiva a nadie». Tom Peters, en su libro más reciente, lo ha escrito todavía con mayor contundencia: «Odio la palabra motivación. La odio porque el concepto de que yo le 'motive' es lo más absurdo y arrogante... Usted es el único que puede motivarse a sí mismo. Lo que yo (como jefe o gurú) puedo hacer es ilustrar aquello en lo que consiste la excelencia».[45] Como líder de un equipo, excelencia a través del ejemplo diario; como coach, excelencia a través del diálogo que provoca descubrimiento y de la insistencia en un plan de acción.

Para generar ilusión, el coach extraerá de ti parte de la ilusión que puedes tener dormida. ¿Cómo estimularla? El Dr. David Freemantle, experto británico en motivación, estaba tumbado en una playa de Fort Lauderdale, Florida, y se le ocurrió analizar en profundidad por qué unas personas estaban motivadas y otras no. Entrevistó a más de 1.000 personas, desde teleoperadoras a emprendedores como sir Richard Branson, y de ahí surgió su libro *El factor estímulo*, en el que factorizó los posibles estímulos (hasta 17), que pueden provocar en cada uno de nosotros una respuesta. Y lo que es más importante, cuál es el peso relativo de cada uno de esos estímulos.

> «Un estímulo es un diminuto paquete de energía que desencadena un gasto de energía muy superior. La liberación de las energías motivacionales requiere ese estímulo. Con frecuencia, es una leve inflexión de la batuta del director lo que genera una interpretación sobresaliente en una orquesta. O quizá sea suficiente con que el director levante su ceja para que cada ejecutante sienta el estímulo capaz de movilizar toda su alma y ponerla en una frase musical. Ade-

más, puede ser la audiencia la que estimula al director para que estimule una interpretación superior de esa orquesta. Aunque el director esté de espaldas al público, la calidad del silencio es decididamente importante para brindar un estímulo al director.»

Howard Shelley (1950),
pianista y director de orquesta británico

Podemos dividir los estímulos siguiendo las investigaciones de Freemantle, en cuatro segmentos (alto impacto, medio-alto, medio-bajo y bajo). En el segmento alto, los cinco grupos de estímulos principales son las aspiraciones (tener un ideal), con el 18,6% del total; los valores personales, con el 12,9%; el altruismo, con el 11,5%; las pasiones y deseos (la vertiente emocional), con el 11,3% y la motivación social (formar parte de un equipo, de una comunidad), con el 8,5%.

El segundo grupo, con un impacto de alrededor del 5%, está formado por los principios y creencias (5,3%), el aprendizaje per se (4,8%) y la inspiración artística (4,7%).

El tercero, con un impacto de entre 1,5% y 4,5%, lo integran estímulos como la retribución (4,3%), el cambio por el cambio (4,1%), la libertad de elección (3,8%), lo lúdico (3,3%), el ambiente externo (2,6%) y la curiosidad (1,8%).

Por debajo del 1,5, estímulos como lo básico (comida, salud, sexo), con el 0,9%; las exigencias (instrucciones), con el 0,8% y lo negativo (el fracaso, las críticas, el miedo), con el 0,8%.

En definitiva, hay 17 formas diferentes de poder estimular a los demás y estimularnos a nosotros mismos. La motivación es temporal (dura lo que dura), específica para cada uno, no ocurre por omisión y no se debe a la lógica y al razonamiento. Toda motivación es automotivación, como también ha demostrado Daniel Pink en *La sorprendente verdad sobre qué nos motiva*. Más que un pago exterior, el coach debe trabajar con su pupilo lo que de verdad le motiva: la autonomía (tus grados de libertad), la maestría (qué quieres aprender para ser realmente de los mejores) y el propósito (qué guía tu vida).

«¿Cómo reconocer cuándo la autoayuda no ayuda? Manipular las emociones para hacernos sentir bien un rato no es modificar la motivación cotidiana, no te dice cómo cambiar tu vida ayudando a modificar las circunstancias en las que vives. Imposible al no conocer tu caso :-)»

Alfonso Alcántara, coach, consultor en empleo 2.0
y líder de opinión en Twitter bajo el perfil @yoriento[46]

Estoy al cien por cien de acuerdo con Alfonso Alcántara. Muchas veces sabemos lo que tenemos que hacer, pero simplemente no lo hacemos. No ponemos la energía interna suficiente para movilizarnos. Querer es poder, siempre y cuando se quiera de verdad, con acción. Para ello, un coach es insustituible.

Ilusión, optimismo, pensamiento positivo. Pero con un plan de acción, con conductas concretas, paso a paso, revisadas con un plan de acción, porque cambiar requiere esfuerzo, y cierto tiempo, para instalar nuevos hábitos en la inercia preexistente. «No me llames iluso por tener una ilusión», decía una campaña de la ONCE. El iluso no es quien tiene una ilusión, sino quien cree que va a cumplirse por el mero hecho de que la desee.

«Tenemos un plan 'estratégico'. Lo llamamos hacer cosas.»

Herb Kelleher, empresario,
fundador de Southwest Airlines

8. ¿QUIÉNES TE APOYAN?

«To fear love is to fear life, and those who fear life are already three parts dead.» (Temer al amor es temer a la vida, y aquellos que temen a la vida ya están prácticamente muertos)

Bertrand Russell (1872-1970),
filósofo y matemático británico

«La calidad de nuestra vida va a depender del sistema de relaciones que consigamos establecer, y trenzarlo bellamente es el arte supremo.»

José Antonio Marina (1939), filósofo español

«Te contratan por tu capacidad; te despiden por tu carácter.»

Bernardo Stamateas,
pastor evangélico de los famosos en Argentina

Ningún hombre es una isla

Creer que estamos solos es bastante suicida.

El individualismo ha dominado la escena durante los últimos 250 años. La cima, probablemente en los ochenta del siglo pasado con Ronald Reagan y Margaret Thatcher. La dama de hierro llegó a proclamar que «no existe la sociedad; sólo existen los individuos», como antítesis de los totalitarismos de corte fascista («El Estado lo es todo. El individuo no es nada», Benito Mussolini) y comunista.

Sin embargo, el modelo individualista está agotado, porque el mundo bipolar, separado por el Telón de Acero, ha dado paso a un modelo multipolar, en el que Estados Unidos no es la única potencia; China, «el banquero del mundo», con una cultura enormemente comunitaria, está saliendo fortalecida de esta crisis.

Las campanas doblan por nosotros. John Donne (1572-1631), el gran poeta británico, escribió estos famosos versos:

> ¿Quién no echa una mirada al sol cuando atardece?
> ¿Quién quita sus ojos del cometa cuando estalla?
> ¿Quién no presta oídos a una campana cuando por algún hecho tañe?
> ¿Quién puede desoír esa campana cuya música lo traslada fuera de este mundo?
> Ningún hombre es una isla entera por sí mismo.
> Cada hombre es una pieza del continente, una parte del todo.
> Si el mar se lleva una porción de tierra, toda Europa queda disminuida, como si fuera un promontorio, o la casa de uno de tus amigos, o la tuya propia.
> Ninguna persona es una isla; la muerte de cualquiera me afecta, porque me encuentro unido a toda la humanidad; por eso, nunca preguntes por quién doblan las campanas; doblan por ti.

Como nos enseña José Antonio Marina en su libro *Culturas fracasadas*, el gran reto cultural del momento es «fomentar un modo de ser sujeto capaz de superar el concepto de libertad desvinculada, y de encontrar nuevas fuentes de posibilidad –es decir, de esperanza– en la relación con los demás». Libertad con solidaridad y con equidad. Cuanto más investigan los neurocientíficos sobre el cerebro humano, más se sorprenden de la enorme necesidad que tenemos como personas de interactuar con los demás. En su obra *Engage Me*, la Dra. Silvia Damiano cita a Alfred North Withehead (1861-1947): «Nadie puede conseguir el éxito sin la ayuda de los demás». Las emociones son contagiosas, en todos los sentidos.

> «Una persona es una persona por medio de otras personas.»
> Desmond Tutu (1931), pastor y pacifista sudafricano, Premio Nobel de la Paz

COSA DE TRIBUS

Aunque no nos demos cuenta, formamos parte de una tribu.

El Diccionario de la Real Academia de la Lengua Española define *tribu*, del latín *tribus*, como «grupo social primitivo de un mismo origen, real o supuesto, cuyos miembros suelen tener en común usos y costumbres» y, de forma más coloquial, como «grupo grande de personas con alguna característica común, especialmente las pandillas juveniles violentas». Nuestro diccionario conecta la idea de tribu con la Antigüedad (las doce tribus de Israel, las tres primitivas de los romanos) o mira con recelo las «tribus urbanas».

Sin embargo, la tribalización es uno de los fenómenos más importantes de esta nueva época. Seth Godin, el gurú del marketing, cuenta en su libro *Tribus* que éstas ya no son locales, sino globales. Que no hay tribu sin líder ni líder sin tribu. Y que crecen a toda velocidad. El presidente de Estados Unidos, Barack Obama, recaudó más de 50 millones en 28 días. Es el poder de las redes sociales. Una tribu comparte un interés común y una forma de comunicar. Sin liderazgo y/o sin comunicación, lo que tenemos son multitudes, que son interesantes, pero no efectivas ni duraderas.

Nuestra mentalidad, apunta Godin, es más de factoría que de tribu. Un error en los tiempos que corren. «En el pasado, el marketing iba de publicidad, y la publicidad es cara. Hoy, el marketing va de 'engancharse' con la tribu y de entregar productos y servicios con historias que se difunden.» ¿Estamos preparados?

> «Es incómodo levantarse frente a extraños.
> Es incómodo proponer una idea que puede fracasar.
> Es incómodo retar el statu quo.
> Es incómodo resistirse a la tentación de lo establecido.
> Cuando identifiques esta incomodidad, has encontrado el lugar donde se necesita liderazgo.»
>
> Seth Godin

Todas las tribus son canales mediáticos (como los diarios, las revistas, las radios y las teles de antaño). Cuidan y apoyan un movimiento que, siguiendo a Godin, han de hacer cinco cosas:

1. Publicar un manifiesto.
2. Ponérselo fácil a los seguidores para que conecten.
3. Ponérselo fácil a los seguidores para que conecten entre ellos.
4. Darse cuenta de que la cosa no va de dinero.
5. Comprobar los progresos.

Cinco iniciativas y seis principios: transparencia, solidaridad, crecimiento, colaboración, exclusión (de quienes no pertenecen a la tribu) y desarrollo («Hundir a otros no es tan útil como conseguir que los miembros de la tribu prosperen personal y profesionalmente»). Frente a las fuerzas de la mediocridad, el entusiasmo de quienes comparten intereses y desean hacer de este mundo un lugar mejor.

> «Nunca dudes de que un pequeño grupo de ciudadanos comprometidos puede cambiar el mundo. De hecho, son los únicos que lo han conseguido.»
>
> Margaret Mead (1901-1978),
> antropóloga cultural estadounidense

> «Cada uno muestra lo que es en los amigos que tiene.»
>
> Baltasar Gracián (1601-1658), pensador español

Un ejemplo brillante de comunidad del talento

Al repasar la lista de las personalidades fallecidas en 2010, Joan B. Culla i Clarà, profesor de Historia Contemporánea en la Universidad Autónoma de Barcelona, nos abría los ojos ante un hallazgo sumamente interesante.

«El pensamiento político de izquierdas ha sufrido en Francia dos bajas muy sensibles: el filósofo y militante trotskista Daniel Bensaïd, uno de los inspiradores del Mayo del 68, y Claude Lefort, pensador antitotalitario, padre de la revista y del grupo *Socialisme ou Barbarie.*» El profesor Culla i Clarà cita también a Abraham Serfaty, comunista marroquí, el más célebre y encarcelado opositor al régimen de Hassan II; Tony Judt, historiador y analista británico de renombre internacional; el influyente periodista alemán Ernst Cramer, que fue director del diario hamburgués *Die Welt;* el diplomático holandés Max Kohnstamm, impulsor en los años cincuenta de la Comunidad Europea del Carbón y del Acero (CECA); o el diplomático norteamericano Richard Holbrooke, artífice de los acuerdos de Dayton sobre Bosnia. En el mundo del cine, el inolvidable Tony Curtis, el actor de *Con faldas y a lo loco*; su prolífico colega Harold Gould; el director Irvin Kershner, responsable de importantes y taquilleros títulos en el Hollywood de los setenta; o en la extinta URSS el director Vladimir Motyl.

En otras artes, el reputado violinista y director de orquesta ruso Rudolf Barshai; el músico, poeta *underground* y militante anarquista norteamericano Tuli Kupferberg; el escritor argentino David Lagmanovich, maestro del microrrelato; su colega holandés Harry Mulisch, uno de los tres autores más importantes de los Países Bajos durante la segunda mitad del siglo xx; el novelista marroquí Edmond Amran el Maleh o el relevante pintor expresionista estadounidense Jack Levine. «Sin desdeñar al longevo campeón ajedrecista húngaro Avidor Lilienthal, o al gran economista austríaco Kurt W. Rothschild, es tal vez en el campo de las ciencias donde las pérdidas son más numerosas: el físico y astrofísico norteamericano Gerson Goldhaber, descubridor de la energía oscura; su colega y compatriota Samuel Cohen, creador en 1958 de la bomba de neutrones; el físico francés Georges Charpak, Premio Nobel en 1992; el también francés y matemático Benoît Mandelbrot; el antropólogo molecular estadounidense Morris Goodman, el primero que formuló el parentesco biológico entre humanos y grandes simios...»

«¿Qué tienen en común estas dos docenas de personajes cuya relevancia se debe a motivos tan dispares?», se pregunta el profesor

Culla i Clarà. «Pues que todos ellos eran judíos. Franceses, norteamericanos, rusos, alemanes, húngaros, marroquíes, británicos o argentinos, pero judíos. De izquierdas, de derechas, apolíticos, religiosos, agnósticos o ateos, pero judíos. Con trayectorias personales o familiares muy a menudo marcadas (emigraciones, exilios, cambios de apellido...) por esa condición judía.»

Y no es que 2010 fuera un año especial. Cualquier otro que hubiéramos elegido nos reportaría datos similares. «Considerando que, en nuestro planeta de casi 6.800 millones de habitantes, los judíos suman menos de 14 millones de individuos, el relieve que miembros de este grupo humano –ya se le defina como nacional, socio-cultural, religioso, étnico o lo que fuere– mantienen desde hace dos siglos en los terrenos de la política, la economía, la ciencia, la creación artística y literaria, etc., no puede calificarse más que de asombroso.» Siendo los judíos apenas el 0,2% de la humanidad, acumulan desde 1901 unos 170 premios Nobel en todas las categorías (un 29% de los concedidos).

El autor del artículo lo llama (provocativamente) «conspiración de talento». La capacidad de estudio acumulada por 50 generaciones de judíos y liberada tras mil años de opresión por la Revolución Francesa. «La riada subsiguiente inundó al mundo occidental durante las dos centurias siguientes, de Marx a Disraeli, de los Rothschild a Trotski, de Freud a Elias Canetti, de Harold Pinter a Einstein.»

Un servidor prefiere verlo como una de las más brillantes «comunidades de talento» de la historia: el cine de Woody Allen, el «directorio» (facebook) de Mark Zuckerberg, la música de Leonard Cohen, las interpretaciones de Natalie Portman, o de Rachel Weisz, o de Adrien Brody… O (en el lado oscuro, como nos recuerda el profesor Culla i Clarà), «Henry Kissinger con todo su Premio Nobel, o a Jack Abramoff –el *superlobbista* corrupto de la era Bush– o al estafador Bernard Madoff. Lo dejó dicho uno de ellos, el inmenso Billy Wilder, y el axioma vale lo mismo para personas que para colectivos: nadie es perfecto».[47]

En España, la comunidad judía está formada por unas 40.000 personas sobre 47 millones de ciudadanos nacionales. Entre ellos destacan el publicista catalán Lluís Bassat, el empresario (propietario de Mango) y presidente del Instituto de Empresa Familiar Isak Andic, el defensor del pueblo Enrique Múgica, el director de orquesta y Premio Príncipe de Asturias de la Concordia Daniel Barenboim, la peletera Elena Benarroch, la directora de la revista *Cosmopolitan* Sarah Glattstein, el ex director del Instituto Cervantes Jon Juaristi, el ex director del Instituto Arias Montano del CSIC Jacob Hassan, la actriz Cecilia Roth, la productora Sarah Aliloua, el abogado Alberto Benasuli o los empresarios Mauricio Hatchwell, Max Mazin, Marc David Rich, Martin Varsavsky, Isaac Querub, Isaac Siboni, Jorge Grinbank o Jacobo Israel Garzón.

«No vemos las cosas tal como son, sino tal como somos.»
El Talmud

Ocean's eleven, *La comunidad*, *La ola*

En ocasiones, el protagonista de una película no es un individuo sino un equipo. El séptimo arte cuenta con ejemplos memorables.

Ocean's eleven. Hagan juego (2001) es una divertida película de acción dirigida por Steven Soderbergh y protagonizada por George Clooney, en el papel de Danny Ocean, y su equipo de ladrones de tres casinos en Las Vegas (el Bellagio, el Mirage y el MGM Grand): Brad Pitt, Elliot Gould, Bernie Mac, etc. En total un «equipo de alto rendimiento» de once profesionales que actúa, ¿por dinero o por amor a la chica (Julia Roberts)?, contra un mafioso despiadado (Andy García). Es un *remake* de la película que Frank Sinatra, Dean Martin y Sammy Davis Jr. protagonizaron en 1960. Un buen ejemplo de visión compartida, análisis profesional y ejecución cuidadosa, serenidad ante las contingencias, ingenio llevado a la acción... El éxito de *Ocean's eleven* dio lugar a una segunda y una tercera partes, una trilogía prácticamente con la misma banda de Ocean.

Me gusta contraponer una película como *Ocean's eleven* con *La comunidad*, de Álex de la Iglesia. La historia de una agente inmobiliaria con suerte, Julia (Carmen Maura), que pasa la noche en una comunidad de vecinos codiciosos donde hay un cadáver descompuesto y 300 millones de pesetas bajo una baldosa. «Algo huele a podrido en esta casa.» Es la esencia de la actitud anárquica que nos es tan propia. Una película de suspense, de terror y de acción en la que la risa da profundidad al drama. Es la cuarta colaboración entre el director Álex de la Iglesia (actual presidente de la Academia de Cine) y el productor Andrés Vicente Gómez, tras *El día de la bestia*, *Perdita Durango* y *Muertos de risa*. Significa trasladar un argumento tipo *Alien, el octavo pasajero*, a la realidad cotidiana de un inmueble en el centro de Madrid, en los alrededores de la Puerta del Sol.

Lo mejor de la película son sus secundarios, actores y actrices de toda la vida, del cine, el teatro y la televisión de nuestro país: Terele Pávez («En Terele hay mundos de dolor», ha comentado Álex de la Iglesia. «Su mirada alcanza profundidades abisales. Tiene una sensibilidad a flor de piel. Te pone la carne de gallina. Cualquier frase anodina, en su boca, se transforma en un fragmento de *Las bacantes de Eurípides*»). Emilio Gutiérrez Caba: «La típica persona correcta, educada, con el jersey al hombro y la banderita española en la correa del reloj. Un tío que lleva a su familia a EuroDisney. Lo que pasa es que está podrido por dentro». Paca Gabaldón, Marta Fernández Muro, María Asquerino, Kiti Manver. Sancho Gracia, Eduardo Gómez, Manuel Tejada, Enrique Villén. Cada uno a lo suyo, dando sensación de equipo, para quedarse con el botín. Y un final a lo *Con la muerte en los talones* por los tejados de Madrid. Tres premios Goya en 2001 y un gran éxito de público.

La ola (*Die Welle*) es una película alemana de 2008 dirigida por Dennis Gansel y protagonizada por la estrella germana Jürgen Vogel, que fue nominada a los Premios del Cine Europeo en las categorías de Mejor Película y Mejor Actor y ha registrado una de las mayores recaudaciones de la historia de su país. Sinopsis: «Alemania hoy. Durante la semana de proyectos en un instituto, al profesor Rainer Wenger (Jürgen Vogel) se le ocurre la idea de un experimento que explique a sus alumnos cuál es el funcionamiento de los gobiernos totalitarios. Comienza así un experimento que acabará con resultados trágicos. En apenas unos días, lo que comienza con una serie de ideas inocuas como la disciplina y el sentimiento de comunidad, se va convirtiendo en un movimiento real: La Ola. Al tercer día, los alumnos comienzan a aislarse y amenazarse entre sí. Cuando el conflicto finalmente rompe en violencia durante un partido de waterpolo, el profesor decide no seguir con el experimento, pero para entonces es demasiado tarde...». La autocracia cala a través de una misma indumentaria, himno, logo, saludo y una forma de dirigirse al «Führer», hasta que el tema se le va de las manos (los padres le elogian porque sus hijos por fin han aprendido disciplina; el apoyo de unos a otros desemboca en odio a todos los que no son como ellos). Es estremecedor que en apenas una semana la clase se convierte en un grupo neonazi. A partir de la novela de Todd Strasser basada en una historia real en California, la película nos permite reflexionar sobre lo vulnerable que es el ser humano cuando se convierte en parte de la masa.

> «Delante de una sola persona podemos saber si es masa o no. Masa es todo aquel que no se valora a sí mismo –en bien o en mal– por razones especiales, sino que se siente 'como todo el mundo', y, sin embargo, no se angustia, se siente a salvo al saberse idéntico a los demás.»
>
> José Ortega y Gasset (1883-1955), pensador español

Modelos de excelencia: Carlos Ongallo

En nuestro país hay talentos extraordinarios que saben el valor de configurar un gran equipo y atraer sanamente en torno a una tribu.

Carlos Ongallo Chanclón es director de Relaciones Institucionales y de la Obra Social de la Caja de Extremadura (desde septiembre de 2010) y director de la Extremadura Business School (EBS) (nombrado por el Patronato de la Fundación con fecha 11 de enero de 2010). Doctor en Ciencias Económicas y

Empresariales por la Universidad Pontificia de Comillas y Doctorando en Ciencias de la Educación por la UNED (su tesis versa sobre «Aprendizaje organizativo y gestión del conocimiento»), ha trabajado en Avon Cosmetics de 1994 a 1999, como profesor asociado de ICADE de 1996 a 2003, como consultor en Ongallo Comunicación (1996-2009), como profesor de la Universidad de Extremadura (1999-2010) y director de Relaciones Institucionales de la misma Universidad (2001-2010). Carlos Ongallo es premio AEDIPE (2000), premio Netmakers de Creación de Comunidades Virtuales del Conocimiento y premio Dintel 2010 de Alta Dirección.

EBS, cuyo lema es «Think Big», es una escuela de negocios del siglo XXI con un enfoque innovador. Desde su fundación en 1998, ha marcado un hito en la formación de directivos. Desde «la Toscana de España» (como me gusta llamar a la preciosa región extremeña), está aportando formación de la más alta calidad centrada en tres claves: la excelencia, los valores y la atención al detalle, que es lo mismo que decir a las personas. Citando a Peter F. Drucker, el padre de la gestión empresarial: «El éxito de un buen directivo es conseguir resultados excelentes con gente normal. Ningún empresario o director general puede cifrar el éxito de su empresa en función de contratar genios. En primer lugar, porque escasean, y en segundo lugar, porque normalmente serían incapaces de formar equipos y trabajar para el conjunto. Para lograrlo, hay que saber invertir en formación, y especialmente en formación directiva. Pocas escuelas o universidades enseñan a liderar, dirigir y motivar a las personas. En la empresa, sin una gestión de las personas, se termina casi siempre en la cruel mediocridad». Grandes palabras, máxime cuando más del 60% de la productividad es calidad directiva. En estos momentos, más del 40% de las pymes británicas invierte en coaching para sus directivos; en España, según el *II Informe sobre formación continua bonificada*, de Garben, tan sólo el 18% de las empresas aprovechan su parte de los más de 3.000 millones de euros que empresas y trabajadores pagan anualmente al Estado, a través de las cuotas obligatorias a la Seguridad Social, para financiar la formación continua. En torno al 85% de las pequeñas empresas (y el 42% de las medianas) no utiliza la formación bonificada. Un dato dramático.

EBS cuenta con tres líneas de actuación:

- Profesores cualificados: profesores brillantes, con experiencia empresarial y académica.
- Participantes motivados: la actitud de los participantes, su seriedad, su respuesta hacia la formación, su experiencia... son factores importantes para generar aprendizaje en los equipos.
- Socios de confianza: EBS cuenta con socios de fiar entre las mejores instituciones de enseñanza superior de España y del mundo. No podemos ni debemos viajar solos en esta aventura.

Más de 400 directivos asistieron al acto de clausura del año 2010, presentado por la periodista Cristina Villanueva, en el Palacio de Extremadura. El hito del año, el EBS Challenge 2010, el tercero de la Escuela, era una «actividad *outdoor*» celebrada del 11 al 18 de abril en tres de los cinco parques nacionales de Utah (Estados Unidos). Una semana de aprendizaje en seis equipos para desarrollar las capacidades de trabajo en equipo, liderazgo y toma de decisiones mediante tareas de exigencia personal y grupal, que ponen en juego las áreas físicas y cognitivas de cada participante, dentro de un contexto moderno de competitividad, respetando la ética y los valores. Con expertos del mundo del management (los cariñosamente llamados «chamanes»), todos ellos profesionales de EBS que, lejos de una concepción mal entendida del gurú, han aportado su humildad, su humanidad y su conocimiento práctico de la gestión de equipos y personas: Mario Alonso, José María Alonso, Guillermo Sánchez y un servidor.

Carlos Ongallo practica un estilo de liderazgo similar al que le ha dado el éxito a Pep Guardiola como entrenador del F. C. Barcelona, con dos claves principales: el ejemplo («el ejemplo hace al líder», como escribió el Premio Nobel de la Paz Albert Schweitzer; Carlos es el primero que llega, el último que se va, el que practica lo que predica, siempre con una actitud positiva, constructiva y acogedora) y una atención obsesiva a los detalles para que todo salga perfecto. Por ejemplo, en las mesas coloca Sugus en lugar de otros caramelos para que al abrirlos los participantes no hagan ruido con el papel y así no molesten a sus compañeros. Todo un ejemplo de buen gusto y atención por los demás.

¿Qué puede hacer un coach por ti?

Los profesionales deben saber muy bien de qué redes forman parte y aprovecharlas en consecuencia.

«En la actualidad, las empresas de más éxito son redes y plataformas en las cuales estas redes se construyen» (Jeff Jarvis, periodista digital, en su libro *Y Google, ¿cómo lo haría?*). Un nuevo paradigma al que la mayoría de nosotros no estamos acostumbrados. A Mark Zuckerberg, fundador de Facebook, le preguntaron en el Foro Económico de Davos cómo se construye una red social. La respuesta del multimillonario más joven del planeta fue: «No se puede». Y Zuckerberg añadió: «Las comunidades ya existen. Ya están haciendo lo que desean en la red. La pregunta que deberías hacerte es cómo puedes ayudarles a hacer eso mejor».

Efectivamente, las comunidades ya existen. Un coach eficaz te ayudará a analizar con detalle la tuya (las personas con las que te relacionas en tu entorno profesional: jefes, colegas, colaboradores, clientes, proveedores, socios... y en tus relaciones personales: pareja, hijos y demás familia, amigos, conocidos), con sus fortalezas y oportunidades de mejora. Una comunidad con la que te sientes satisfecho y que te apoya de forma adecuada es un gran reto. Una comunidad tóxica te hace la vida especialmente difícil.

¿Hay en tu trayectoria profesional «techos de cristal», que no adviertes pero te impiden las promociones, o «escaleras resbaladizas» que generan adversidades? Es cuestión de reflexionarlo. En términos de género, por ejemplo, sólo el 4% de los altos directivos son mujeres, y las cosas no están mejorando.

¿Dedicas el tiempo que crees necesario a tus hijos, a tu pareja, a tus padres y hermanos, a tus amigos? Las prioridades se muestran no en lo que uno dice, sino en lo que uno hace… con su tiempo. Los procesos de coaching suelen incluir objetivos de optimización de la vida, con un plan de acción para mejorar los hábitos personales.

Y dentro de las relaciones, un coach te ayudará a analizar las que el consultor de *networking* Keith Ferrari llama «las relaciones salvavidas», la tribu protectora. Se obtienen a través de la propia generosidad (ofrecerse a los demás), la vulnerabilidad (pedir ayuda a los demás), la franqueza y la responsabilidad (cumplir con lo que uno ha prometido). Se basan en una mentalidad de abundancia y no de escasez.

En su libro *3 personas para cambiar tu vida*, Keith Ferrari nos propone «ocho pasos para lograr la intimidad instantánea»:

1. Crea un entorno auténtico a tu alrededor.
2. Olvida tus prejuicios.
3. Proyecta lo positivo.
4. Comparte tus pasiones.
5. Habla de tus objetivos y de tus sueños.
6. Revive tu pasado.
7. Analiza qué te desvela por la noche.
8. Destierra los miedos en relación con tu futuro.

Lecciones simples pero valiosas, que deberíamos trabajar con nuestro coach.

«No hay nada imposible para quien sabe amar.»

Pierre Corneille (1606-1684), dramaturgo francés

9. ¿QUÉ HACES PARA CONSTRUIR TU FELICIDAD?

«Las personas felices son más proclives que los seres menos felices a mantener matrimonios y relaciones plenas, mayores ingresos, mejor desempeño laboral, mayor involucración en la comunidad, una salud más robusta e incluso una vida más longeva.»

Sonja Lyubomirsky[48], científica experta en felicidad

«Cada mañana, cuando abro los ojos, me digo a mí mismo: Yo, y no las circunstancias, tengo el poder de hacer de hoy un día feliz o desgraciado. Puedo elegir lo que va a ser. El ayer está muerto, el mañana todavía no ha llegado. Sólo tengo un día, el de hoy, y voy a ser feliz en él.»

Groucho Marx (1890-1977), cómico estadounidense

LAS DOCE CAMPANADAS

La felicidad viene por docenas.

«En la Puerta del Sol, / como el año que fue, / otra vez el champán, / y las uvas, y el alquitrán / de alfombra están», cantaba el grupo Mecano en su canción «Un año más», uno de los seis singles de su disco *Descanso dominical* (1988).

Que la felicidad es algo tremendamente complejo es algo que todos sabemos. Según los psicólogos Kristina de Neve y Harris Cooper, hay más de 130 rasgos de personalidad que correlacionan con la felicidad: las personas más extravertidas, con mayor agradabilidad, más conscientes (controladas) y abiertas a los demás suelen ser más felices que los introvertidos, ansiosos, neuróticos... Los economistas Paul Dolan (de la London School of Economics) y Tessa Peasgood (del Imperial College de Londres), así como Matthew White (de la Universidad de Plymouth) han ligado la felicidad al género, la edad, la etnia, la educación, la salud, el tipo de trabajo, el equilibrio de vida, la comunidad, la relación con los demás, la religión, el matrimonio, etc.

Sonja Lyubomirsky, licenciada en psicología por la Universidad de Harvard y doctora en psicología social por Stanford, es profesora en la Universidad de California y premio Templeton de Psicología Positiva de 2002. Desde hace más de 20 años ha estado estudiando científicamente en qué consiste la felicidad y cómo desarrollarla. Por tanto, sus conclusiones no son, como ella misma señala, «intuiciones de libro de autoayuda» sino que están avaladas por análisis empíricos rigurosos. Junto con Ken Sheldon, la Dra. Lyubomirsky ha realizado numerosas «intervenciones de felicidad», gracias a las cuales ha obtenido sorprendentes hallazgos.

El más importante de los hallazgos de Sonja Lyubomirsky es el que llama «la solución del cuarenta por ciento»: «La felicidad no es un golpe de buena suerte que debamos esperar, como el final de la estación de las lluvias; tampoco es algo que debamos 'encontrar', como la salida de una autopista o una cartera que hemos perdido, como si bastara con saber el camino secreto o conseguir el trabajo adecuado o el novio perfecto». Para esta científica, más correcto que la «búsqueda» de la felicidad debería ser la «creación» o la «construcción» de la felicidad. A ella debemos aplicarnos (mejor con un coach, evidentemente).

Sonja Lyubomirsky ha logrado «deconstruir» qué determina la felicidad. En un 50%, es el llamado «valor de referencia», que es genético. Está en nuestros genes. Es como la tasa metabólica, la inteligencia (C.I.) o el colesterol. Pero eso no quiere decir, ni mucho menos, que sea inmutable. Depende de nuestros hábitos de vida. Tal vez el mayor descubrimiento de Lyubomirsky sea que esas circunstancias externas a las que habitualmente le damos tanta importancia (la riqueza, la pareja, la salud, etc.) determinan el 10% de nuestra felicidad. Ni más ni menos. El 40% restante es voluntario: nuestras «actividades deliberadas». Por tanto, el trabajo científico de Lyubomirsky y Sheldon destruye tres mitos sobre la felicidad: que se tiene que «encontrar» (en realidad, se construye conscientemente); que consiste en cambiar nuestras circunstancias externas (apenas influyen un 10% en nuestra felicidad, cuando se mide y se analiza) y que la felicidad la tienes o no la tienes (los seres humanos sabemos acostumbrarnos muy bien a los cambios en el entorno, en lo que Sonja llama «adaptación hedonista»).

Nosotros creamos nuestra felicidad, pero ¿cómo hacerlo? Te propongo un ejercicio de visualización. Que te imagines en la Puerta del Sol de Madrid un 31 de diciembre a pocos minutos de acabar el año (como en la canción de Mecano, «entre pitos y gritos, / los españolitos, / hacemos por una vez / algo a la vez»). Cada una de esas doce campanadas (las doce uvas para despedir el año) son las siguientes:

1. Expresar gratitud.
2. Cultivar el optimismo.
3. Evitar pensar demasiado (el *overthinking*, la duda hamletiana) y evitar la comparación social.
4. Practicar la amabilidad.
5. Cuidar las relaciones sociales.
6. Desarrollar estrategias para afrontar la resiliencia.
7. Aprender a perdonar.
8. «Fluir» más.
9. Saborear las alegrías de la vida (estar abiertos a la belleza y a la excelencia).
10. Comprometerte con tus objetivos.
11. Practicar la religión y la espiritualidad.
12. Ocuparte de tu cuerpo y de tu alma: meditar, actividad física, actuar como una persona feliz (sonreír, caminar erguido, elevarse).

Estas «doce campanadas» de la felicidad se resumen en cinco claves: practicar las emociones positivas, disfrutar de los momentos más oportunos, contar con apoyo social, contar con la motivación, el esfuerzo y el compromiso adecuados y disponer de hábitos saludables.

No basta con saberlo. Hemos de practicarlo.

La gratitud, más allá del agradecimiento

A lo largo de este libro he hecho referencia a varias de estas «campanadas» de la felicidad: el optimismo, la serenidad, la fluidez y el compromiso con los propios objetivos… Vamos tratar en este capítulo la gratitud, la simplificación, la amabilidad, el perdón y el saborear las alegrías cotidianas.

Aunque todas están interrelacionadas, probablemente la más importante sea la gratitud. El profesor Tal Ben Shahar (cuyo Curso de la Felicidad ha sido el más concurrido de la Universidad de Harvard) nos enseñó a un servidor y a cientos de profesionales en el Congreso Nacional de AEDIPE 2010, celebrado en La Coruña, que apuntar cada día tres personas o situaciones diarias a las que estamos agradecidos eleva nuestra felicidad un 25%. La cosa funciona.

El Dr. Roberts Emmons, uno de los pilares de la llamada psicología positiva junto con Martin Seligman, Mihály Csíkzentmihályi y algunos expertos más, y autor del libro *Thanks!* (¡gracias!), es la referencia mundial en gratitud.

Hasta hace muy poco la gratitud no había sido analizada de manera científica por la psicología. En 1998, el Dr. Emmons fue invitado a dar una conferencia sobre «las fuentes clásicas de la fortaleza humana»: la sabiduría, la esperanza, el amor, la espiritualidad, la gratitud y la humildad. Aunque su primera opción fue la humildad, ésta ya estaba «cogida» y le tocó la gratitud. Y entonces se percató de la importancia que la gratitud tiene para la felicidad. Inició una investigación sobre la gratitud junto con Michael McCullough, psicólogo de la Universidad de Miami, que ha obtenido hallazgos importantes.

¿Cómo define Robert Emmons la gratitud? Cuando somos agradecidos, nos damos cuenta de que hemos recibido un regalo, reconocemos el valor de ese regalo y apreciamos las intenciones del generoso donante. Por tanto, la gratitud se relaciona con la percepción de beneficio, don, regalo o ganancia, que puede ser material, emocional o espiritual. La palabra *gratitud* proviene del latín *gratia* (favor) y de *gratus* (grato). La gratitud es más que un sentimiento. Es una actitud, es consciencia, reconocimiento, aprecio. Es una virtud.

> «Denken ist Danken.» (Pensar es agradecer.)
>
> Martin Heidegger (1889-1976), filósofo alemán

En su investigación, Robert Emmons ha demostrado que la gratitud es absolutamente clave para la felicidad, puesto que se vincula con una mayor productividad, mayor calidad del trabajo, mejores relaciones sociales, más energía, más actividad, mayor fluidez, mejor sistema inmunológico, menor estrés, etc. El impacto de la gratitud en el bienestar físico y psicológico es más que notable. Algo que ya sabían a lo largo de la historia pensadores como Cicerón («La gratitud no es sólo la mayor de las virtudes, sino la madre de todas las demás»), Séneca («La ingratitud es abominable»), David Hume («De todos los crímenes que las criaturas humanas son capaces de cometer, el más horrible y poco natural es la ingratitud») o Immanuel Kant («La ingratitud... es la esencia de la vileza»). Sin embargo, el autor reconoce que en nuestra sociedad es difícil tratar la ingratitud sin caer en el sentimentalismo o en el sermón que tan poco nos gusta. La gratitud no es sensiblera; es muy práctica.

> «La vida es el primer regalo, el amor el segundo y el entendimiento el tercero.»
>
> Marge Piercy (1936), novelista estadounidense

> «Todos los bienes se ven mejor cuando se ven como regalos.»
>
> G. K. Chesterton (1874-1936), escritor británico

Gratitud y depresión suelen ser opuestas; los depresivos crónicos muestran mucha menos gratitud (casi un 50% menos) que las personas sin depresión. Cuando estamos agradecidos, cambia nuestra expresión facial y nuestro cuerpo, porque la gratitud actúa además como muro de protección contra los mensajes insidiosos. No olvidemos que el 75% de nuestra longevidad depende de factores psicológicos y de comportamiento. Ser amable, apreciativo, tolerante, compasivo reduce en un 23% los niveles de cortisol (causante del estrés) y eleva un 100% la hormona DHEA (que permite la relajación). Todas las religiones y movimientos espirituales conocidos la ensalzan. Como es bien sabido, en Estados Unidos hay un «día de acción de gracias» (*Thanksgiving*) desde la llegada de los peregrinos del *Mayflower* en 1620. ¿Tenemos cada uno de nosotros «días de acción de gracias»?

«De todas las emociones hay una, en mayor medida que las demás, que apunta la ausencia o presencia de estrés en las relaciones humanas: el sentimiento de gratitud.»
Hans Seyle (1907-1982), experto canadiense en estrés

«La gratitud es una vacuna, una antitoxina y un antiséptico.»
John Henry Jowett (1864-1923), pastor británico

El Dr. Emmons nos ha enseñado también los principales obstáculos a la gratitud: la negatividad, la incapacidad para la interdependencia (quienes piensan que la gratitud es una emoción humillante), los conflictos psicológicos internos, el pensamiento de comparación social («No pierdas lo que tienes por desear lo que no posees; pues recuerda que lo que ahora tienes un día estuvo entre las cosas que sólo esperabas», Epícteto), el victimismo y el sufrimiento.

«Odio la ingratitud más en un hombre que la mentira, la vanidad, el beber en exceso o cualquier otro vicio que habita la sangre de mis semejantes.»
William Shakespeare (1564-1616), dramaturgo británico

Desde una perspectiva psicodinámica, hay cuatro motivos inconscientes para la ingratitud: el complejo de inferioridad, la sensación de deuda (por parte del otro), la distorsión neurótica en la mente del beneficiario y la falta de juicio en los motivos del benefactor. Sin duda, la principal causa de ingratitud es el narcisismo.

La gratitud marca aún la diferencia ante las dificultades. La psicóloga Barbara Fredrickson, de la Universidad de Míchigan, analizó las emociones antes y después del 11 de septiembre de 2001. Sobre 20 emociones (positivas y negativas), la gratitud fue la segunda más experimentada, sólo superada por la compasión. Aquellos con mayores niveles de emociones positivas tuvieron mayor resiliencia (el 72% sufrieron de síntomas de depresión clínicamente significativos). La gratitud tuvo un enorme efecto protector en la salud mental.

¿Cómo practicar la gratitud? El profesor Emmons nos propone diez ingredientes vitales:

1. Mantener un cuaderno de gratitud, con los momentos inspiradores que la merecen.
2. Recordar lo malo que nos ha pasado.
3. Reflexionar y preguntarnos por lo que hemos recibido, lo que hemos dado y las dificultades que hemos causado.
4. Aprender frases y oraciones de gratitud.
5. Mantenernos atentos a lo que nuestros sentidos nos dicen (consciencia).
6. Utilizar recordatorios visuales de la gratitud.
7. Hacer manifestaciones públicas de gratitud.
8. Analizar nuestro propio lenguaje, porque el lenguaje determina la naturaleza y el contenido de nuestro pensamiento.
9. Utilizar expresiones faciales (mirada, sonrisa, gestos) de gratitud.
10. Ser creativos (salir de la normalidad) a la hora de agradecer a los demás.

«Ser agradecido es más que buena educación; es buena espiritualidad.»

Anónimo

NO LE DES MÁS VUELTAS

Nuestro cerebro lógico, racional, a veces le da vueltas y vueltas a lo mismo y queda enganchado en algo que sucedió.

Llamamos «sobrepensamiento» (*overthinking*, según la terminología de Susan Nolen-Hoeksema, de la Universidad de Míchigan, autora del libro *Mujeres que piensan demasiado*) a la tendencia de muchas personas a dedicar mucho tiempo y esfuerzo a pensar sobre algo antes de tomar una decisión (o, frecuentemente, para evitar decidir). Esta indecisión, que suele confundirse con responsabilidad, provoca consecuencias adversas para uno mismo y los demás: depresión, ansiedad, abuso del alcohol y las drogas... Según las investigaciones, el 73% de los jóvenes de entre 25 y 35 años, el 52% de las personas de entre 45 y 55 años y el 20% de los individuos de entre 65 y 75 años son «sobrepensadores», y aún más mujeres (el 57% de ellas) se identifican con el «sobrepensamiento» que los hombres (el 43% de ellos). Para evitar el «sobrepensamiento», se recomienda evitar a las personas y situaciones que nos inducen a él, limitar el diálogo interno, centrarnos en los proyectos, tareas y fechas, distraernos lo mínimo posible, marcar un límite temporal al pensamiento y documentarlo, estructurar siguientes acciones en el plan, convencerse de que la perfección no es posible, evitar el miedo al peor escenario y pensar en términos generales (perspectiva global).

Según la psicóloga clínica Gloria Giménez: «Las personas que continuamente dan vueltas a un mismo tema hasta el punto de que ese pensamiento llega a bloquear sus actos, y en algunos casos no consiguen llegar a tomar una decisión, son personas que en psicología llamamos de pensamiento 'rumiativo' u 'obsesivo'. Normalmente son casos que necesitan ayuda de un profesional que les dé algunas pautas para poder resolver este problema».

Elaine St. James, en su libro *Simplifica tu vida*, nos ofrece hasta cien consejos para «moderar la marcha y disfrutar de las cosas importantes». De entre ellos, podríamos destacar:

A) Respecto a la casa:
10. Deje los zapatos en la entrada.

B) Respecto al estilo de vida:
25. Apague el televisor.
26. Ponga fin al correo comercial.
27. Cancele las subscripciones a revistas.
32. No hable por teléfono en el coche.
34. Deje de enviar felicitaciones de Navidad.
37. Tómese las vacaciones en casa.

C) Respecto a las finanzas personales:
38. Salde sus deudas.
39. Viva con la mitad de su sueldo y ahorre la otra mitad.
40. Replantéese sus hábitos de compra.
41. Cambie su manera de ir de compras: sin dinero y sin Visa.
42. Reduzca sus necesidades de bienes y servicios.
43. Mantenga una sola tarjeta de crédito.
44. Simplifique sus cuentas corrientes.
45. Utilice este sencillo sistema de registro de talones.
46. Consolide sus inversiones.
47. Pague la hipoteca.
48. Mejor un coche de segunda mano.
49. Enseñe a sus hijos responsabilidad financiera.

D) Respecto al trabajo:
50. No sea un esclavo de su agenda.
51. Trabaje donde viva o viva donde trabaja.
52. Haga lo que realmente quiere hacer.
53. Convierta su afición en su trabajo.
54. Trabaje menos y disfrute más.
55. Ponga fin al trabajo no productivo.
56. Incluya a su familia en su vida profesional.

E) Respecto a la salud:
57. Simplifique sus hábitos culinarios.

58. Comparta siempre la comida del restaurante.
59. Haga un ayuno de zumos o fruta un día a la semana.
60. Elija beber agua.
61. Coma una magdalena de harina integral.
62. Prepare su propio almuerzo.
63. Prescinda de aparatos de gimnasia y de su entrenador: salga a caminar.
64. Levántese una hora antes.
65. Acuéstese a las nueve una noche a la semana.
66. Tírelo todo menos las aspirinas.
67. Cree sus propios rituales.
68. Aprenda a reír.
69. Aprenda yoga.
70. Aprenda a meditar.
71. Modere la velocidad al límite establecido por la ley.

F) Respecto a la vida personal:

72. Mantenga relaciones más sanas.
73. Sea usted mismo.
74. Confíe en su intuición.
75. Si no es fácil, no lo haga.
76. No intente cambiar a la gente.
77. Pase un día al mes en soledad.
78. Enseñe a sus hijos la alegría de la soledad.
79. Haga un retiro una vez al año.
80. Escriba un diario.
81. Haga una sola cosa a la vez.
82. No haga nada.
83. Tómese tiempo para mirar la puesta de sol.
84. Sencillamente, diga que no.
85. Si no puede decir que no, ofrezca excusas razonables.
86. Dese de baja en las organizaciones cuyas reuniones le aterran.
87. Aprenda a reinterpretar el pasado.
88. Cambie sus expectativas.
89. Repase su vida con regularidad para mantenerla sencilla.

Sabios consejos. Conviene priorizarlos y ponerlos en práctica. En palabras de la propia Elaine St. James: «Finalmente comprendimos que no íbamos a ser capaces de llevar a cabo todo lo que nos habíamos propuesto, de modo que nos sentamos e hicimos recuento de lo que podíamos hacer y lo que es más importante, de aquello que realmente queríamos hacer. Comenzamos, mediante la simplificación, a organizar nuestras vidas de manera que pudiéramos dedicar el tiempo y la energía suficiente a aquellas cosas que más nos importaban y a desprendernos del resto».

> «Cualquier chalado puede hacer las cosas más grandes, más complejas y más violentas. Se necesita un toque de genialidad –y mucho coraje– para moverse en la dirección opuesta.»
>
> E. F. Schumacher (1911-1977),
> economista germano-británico

> «La simplicidad es la suprema sofisticación.»
>
> Leonardo da Vinci (1452-1519), artista y polímata italiano

Despierta tu amabilidad

Debemos practicar la amabilidad en una época en la que muchos creen que es cursilería.

El día 13 de noviembre es el Día Mundial de la Amabilidad. Amable es el digno de ser amable, lo que el oncólogo sueco Stefan Einhorn llama «inteligencia ética», que se suma al resto de «inteligencias múltiples» de Howard Gardner, como la lógico-matemática, la lingüística, la emocional (interpersonal + intrapersonal), la naturalista y las artísticas (corporal o cinestésica, musical, espacial). Es la disposición a hacer el bien, desde una actitud abierta, espontánea, generosa, de querer ayudar a los demás.[49]

Según los expertos, la amabilidad es una especie de cóctel con cinco ingredientes: simpatía, amor, comprensión, empatía y generosidad. Una combinación que ofrece muchas ventajas, porque es fuente del placer (segrega hormonas que producen una sensación de bienestar), aumenta la salud (reduce el dolor físico y la ansiedad), aporta paz (reduce el cortisol, que es el causante del estrés), fortalece el sistema inmunológico, mejora la propia imagen (la persona es tratada con mayor consideración), es una potente arma de seducción (en el mejor sentido del término), aumenta las amistades, nos hace más inteligentes, eleva la empatía (capacidad de ponernos en el lugar del otro), reequilibra las situaciones injustas, dulcifica la vida diaria y aporta felicidad. En lo social, la amabilidad aporta cohesión entre los ciudadanos, aunque se estima que la crisis económica ha provocado una reducción de la amabilidad como actitud. «Me parece que hay una deriva hacia un cada vez mayor egoísmo. Nos da igual lo que le ocurra a los demás. Somos más consumidores que ciudadanos. Estamos dejando atrás nuestros ideales de una sociedad colectivista y tolerante. Es una sociedad cada vez más inhumana», según la escritora sueca Maj Sjöwall.[50]

Craso error. «Ser amable y generoso te hace percibir a los demás de forma positiva y fomenta la colaboración, disminuye la culpa y el malestar causados por las dificultades o el sufrimiento de otras personas, facilita que nos sintamos privilegiados, nos aleja de nuestros problemas, nos proporciona una sensación de control sobre nuestra vida, aumenta nuestra confianza y optimismo y promueve que nos sintamos útiles. Además de desencadenar una serie de consecuencias sociales positivas: recibimos gratitud, sonrisas y amistad», en opinión de Begoña García Larrauri, doctora en psicología y profesora de la Universidad de Valladolid.

Para el *Reader's Digest*, la amabilidad de los españoles es la novena más valorada del mundo. El 87% de los inmigrantes piensa que son tratados por nuestros compatriotas con amabilidad, según el Barómetro de la Comunidad de Madrid 2009.

> «La práctica de la bondad y el bien se convierte en la acción pedagógica más contagiosa, creíble y eficaz.»
>
> Bernabé Tierno, psicólogo, pedagogo y escritor español

La importancia del perdón

Perdonar es esencial para la vida feliz.

Para la terapeuta Robin Casarjian, especializada en gestión del estrés, perdonar es una de las actividades más valiosas para desarrollar la propia serenidad. Todas las tradiciones espirituales, en los cinco continentes, nos enseñan que el perdón es una experiencia que mejora el equilibrio interior. Desde 1973, en que empezó a trabajar con niños con necesidades especiales, la Dra. Casarjian se ha especializado en estudiar las ventajas de que perdonemos a los demás; fruto de su trabajo es su libro *Perdonar* (1992). En sus palabras: «Continúa habiendo *apartheid*, genocidio y guerras. Continúa habiendo incesto, maltrato infantil, violaciones y asesinatos. Mientras no aprendamos a perdonar, y no me refiero a justificar, a desentendernos, a desensibilizarnos y a olvidar, sino a perdonar, estaremos dominados y dirigidos por el dolor y la rabia. Atacaremos y nos defenderemos. Y lo más insidioso es que nuestra rabia hará parecer razonable y justo el ataque. Estaremos dolidos y proyectaremos el dolor hacia fuera. Seremos iniciadores de más sufrimiento, los perpetradores de más separación, de más 'nosotros' y 'ellos', de más sujetos y objetos. No aprenderemos las lecciones que nos enseña la vida».

Perdonar no es olvidar, sino vivir en paz con la ofensa. ¿Cómo se educa en el perdón? La Dra. Casarjian nos propone entender bien de qué se trata cuando nos animamos a perdonar (para ella, «Perdonar es tomar la decisión de ver más allá de los límites de la personalidad de otra persona, de sus miedos y errores, la decisión de ver una esencia pura, no condicionada por historias personales, que tiene una capacidad limitada y siempre es digna de respeto y amor»), enterrar el rencor y abandonar el resentimiento (que genera una poderosa energía negativa), ser amable con uno mismo, elegir tener paz a tener razón...

Podemos practicar el perdón con personas sentimentalmente más cercanas a nosotros (familia, amigos) y utilizar ejercicios como los siguientes:

- Recuerda un momento en el que te hayas enfadado. ¿Cómo te sentiste? Cierra los ojos, respira hondo, relájate e introdúcete en tus sentimientos. ¿Qué puedes ver bajo tu rabia? ¿Miedo? ¿Tristeza? ¿Inseguridad? ¿Desamparo? ¿Impotencia? ¿Desilusión? ¿Te sientes herido o abandonado? Mira más profundamente, ¿qué hay bajo ese miedo, desilusión o tristeza? ¿Una pérdida de atención? ¿Necesidad de respeto o de amor?
- Recuerda a alguna persona con quien tengas dificultades para relacionarte. Piensa en algo que deseas recibir de ella: ¿amor?, ¿afecto?, ¿aprobación?, ¿consideración? Imagínate que estás con esa persona. Relájate, respira hondo... Dile lo que quieres: «...(el nombre), lo que necesito de ti es... y... (haz una lista hasta sentir que agotas todas las posibilidades)». Luego di: «..., ya no te hago responsable de darme... (todo lo que hayas puesto antes)».[51]

Saborear las alegrías cotidianas

Quien no disfruta de la vida, no extrae de ella la miel que recibe.

Podemos utilizar cada uno de los cinco sentidos de una forma pasiva, inconsciente, o activa, consciente. Podemos elegir en cada momento entre ver (percibir algo por los ojos) o mirar (dirigir la mirada a un objeto). Ver es algo natural, inevitable. La mirada se educa. La misma distinción encontramos entre oír algo o escuchar con atención, entre oler y olfatear, entre tocar y palpar, entre gustar y degustar. La exquisitez está en saborear las alegrías cotidianas como una fiesta para los sentidos, deteniéndonos a disfrutar de aquello que está a nuestro alcance.

La Dra. Ellen Langer, del Departamento de Psicología de la Universidad de Harvard, ha estudiado la atención plena (el *mindfulness*, poner toda la mente en lo que hacemos) y su impacto en la salud. En realidad el concepto de «atención plena» existe desde hace más de 2.500 años en la meditación budista (meditación y medicina provienen de la misma raíz, «meden», que quiere decir «curar» o «restaurar la medida interior adecuada»). Sin embargo, durante las últimas tres décadas se han realizado numerosas investigaciones en Occidente que relacionan el *mindfulness*, la completa consciencia del momento presente, con la lucha contra el dolor, la ansiedad, el estrés, los desórdenes alimentarios o las adicciones. Disponemos de herramientas para medir y analizar la capacidad de entrar en *mindfulness*, como la «Attention Awareness Scale», el Inventario de Atención Plena de Friburgo, el de Kentucky o la Escala de Atención Plena Cognitiva y Afectiva.

> «La mayoría de nosotros vivimos el día a día sin reconocer las alternativas que tenemos y sin decidir activamente entre ellas.»
>
> Ellen Langer

Jon Kabat-Zinn, profesor y fundador de la Clínica de Reducción del Estrés de la Universidad de Massachusetts y autor, entre muchos otros, del libro *La práctica de la atención plena*, ha demostrado que la meditación activa la región frontal izquierda de la corteza cerebral, relacionada con la generación de emociones positivas y el manejo del estrés, e incrementa la actividad del sistema inmunitario. La atención plena produce cambios en los patrones cerebrales y en la estructura física del cerebro, dotando a la corteza de mayor grosor y densidad (Sara Lazar, neurocientífica de la Universidad de Harvard). Quienes han meditado al menos durante cinco años sufren un 80% menos de enfermedades cardiovasculares, un 50% menos de cáncer y un 73% menos de afecciones. Los que practican la atención plena segregan entre un 23% y un 47% más de DHEA, hormona que reduce el estrés y aumenta la memoria. La meditación, en tanto que reduce considerablemente el dolor, alivia enfermedades como la artrosis, las cefaleas, la depresión, la psoriasis o la hipertensión. Para Kabat-Zinn: «La atención plena es una consciencia sin juicios que se practica instante tras instante mediante un tipo especial de atención abierta, no reactiva y sin prejuicios en el momento presente». El *mindfulness* puede practicarse a través de la meditación, pero también en acciones rutinarias (como ducharnos y lavarnos los dientes, ir en autobús, hacer deporte) o paseando en plena naturaleza. En una sociedad en la que la dispersión es la norma, la concentración marca la diferencia para la excelencia.

> «Toda labor que anima a la humanidad tiene dignidad e importancia y debe hacerse con una excelencia meticulosa.»
>
> Martin Luther King (1929-1968), defensor de los derechos civiles

Canta y sé feliz

> «Cuando buscamos la felicidad por medio de algo, ese algo se vuelve más importante que la felicidad misma. Cuando la felicidad se busca a través de un medio, ese medio se convierte en un fin.»
>
> Jiddu Krishnamurti (1895-1986), filósofo hindú

En el mundo de los negocios, el buen humor es una ventaja competitiva nada desdeñable.

Tuve el honor de participar en el Cine Fórum Empresarial APD con el título «El humor como ventaja», celebrado el 16 de noviembre de 2010 en San Sebastián, con la película *El gran Vázquez*, protagonizada por Santiago Segura, y como moderador les pregunté a los ponentes (Pedro Balboa, responsable de comunicación de Kukuxumusu; Pedro Enríquez de Salamanca, «Furby», director creativo de Arista; Carlos Ruiz, responsable de la Obra Social y de comunicación de la Kutxa) si las personas eran más felices en la época en la que Vázquez dibujaba viñetas (los años sesenta) o ahora, con todas las comodidades de nuestro tiempo. Carlos Ruiz remarcó que en aquella época, con todas las penurias y la falta de libertades, la gente posiblemente era más feliz porque se reunía más, estaban unos con otros, era más solidaria y cantaba en los bares. Actividades vitales para la felicidad. Esa reflexión me recordó la canción de Peret, «Canta y sé feliz»: «Cantar conmigo para tener, cantar, alegría de vivir, / para disfrutar, cantar. / Canta y sé feliz».[52] Toda una filosofía de vida, porque para la felicidad la alegría es más importante que el placer, aunque solemos darle más importancia a éste que a aquélla.

> «La felicidad en esta vida consiste en tener algo que hacer, alguien a quien amar y algo que esperar.»
>
> Thomas Chalmers (1780-1847),
> ministro presbiteriano, teólogo y escritor

¿Qué actividades (cantar, bailar, estar con amigos) quedan en tu agenda para tu disfrute?

La felicidad como proyecto

Lo mejor de la felicidad no es pensar sobre ella; es ponerla en marcha.

El libro más vendido sobre la felicidad no es de Martin Seligman, ni de Mihály Csíkzentmihályi, ni de Sonja Lyubomirsky, ni de Tal Ben Shahar, ni de ningún otro experto en la psicología positiva o en la economía conductual, sino de... Gretchen Rubin, una escritora neoyorquina que había publicado una biografía de Churchill y otra de Kennedy. Felizmente casada, con dos preciosos niños, viviendo en la Gran Manzana y con una prometedora carrera literaria, no era precisamente una persona desgraciada. Sin embargo, decidió conscientemente ser aún más feliz, dedicándose por entero a ese cometido durante un año, en cuatro áreas: matrimonio, trabajo, maternidad, autorrealización.

De la reflexión a la acción. Gretchen primero abrió una investigación bastante rigurosa de las aportaciones sobre la felicidad de grandes pensadores de la historia, como Platón, Boecio, Montaigne, Bertrand Russell, Thoreau o Shakespeare, y de expertos actuales como Martin Seligman, Daniel Kahneman, Barry Schwartz, Ed Diener, Mihály Csíkzentmihályi y Sonja Lyubomirsky (muchos de los cuales han aparecido en estas páginas), además de otros muchos autores relevantes de la economía, como Adam Smith, o de la espiritualidad, como el Dalái Lama. Siguiendo el modelo de Benjamin Franklin, que trabajó «trece virtudes» una a una, de una forma sistemática y pragmática, Gretchen se propuso para mejorar su felicidad una prioridad por mes:

- Enero: El mes de la vitalidad. La Sra. Rubin se propuso dormir más, hacer más y mejor ejercicio (citando a Nietzsche: «Todos los grandes pensamientos se conciben mientras caminamos»), organizarse mejor, aprovechar mejor su energía. Un gran comienzo.
- Febrero: Un mes perfecto para recordar el amor (por aquello de San Valentín, probablemente). Gretchen se dedicó a luchar eficazmente por su pareja y darle mayores pruebas de su amor por él.
- Marzo: Potenciar la vida laboral. Gretchen lanzó un blog, aprendió a disfrutar del placer de equivocarse (para que los errores no se conviertan en fracasos), a pedir ayuda, a trabajar de una forma más inteligente, disfrutar desde el aquí y el ahora, sin obsesionarse ni con el pasado ni con el futuro.
- Abril: El mes para mejorar como madre. Practicó el cantar por las mañanas, descubrir los sentimientos de los demás, tener un «tesoro» de recuerdos (un recipiente de cosas que le recuerden buenos momentos), y se tomó más tiempo para nuevos proyectos.
- Mayo: El sentido lúdico, tomarse «en serio» el juego. Gretchen Rubin se dedicó a encontrar mayor diversión en lo que hacía, a tomar algún tiempo para «hacer el tonto», para salirse del camino trazado, para empezar una nueva colección.
- Junio: El desarrollo de las amistades. Entre las actividades del mes, recordar los cumpleaños, ser más generosa, mostrarse públicamente («El 80% del éxito es mostrarse», Woody Allen), no cotillear en absoluto, hacer nuevos amigos.
- Julio: El mes del uso eficiente del dinero. Para comprar cosas que sean realmente necesarias, para ser más austera en su modo de vida.
- Agosto: La búsqueda de la eternidad. Gretchen Rubin se dedicó a leer memorias de catástrofes, a mantener un cua-

derno de gratitud (una de las actividades más valiosas para mejorar en felicidad), a seguir a un maestro espiritual...

- Septiembre: Seguir una pasión. En su caso, la lectura y la escritura.
- Octubre: El mes del *mindfulness*, de la atención plena. Meditar, seguir las reglas de la verdad, estimular la mente de nuevas formas o llevar un diario de comidas.
- Noviembre: Potenciar la actitud. Entre las buenas prácticas, reírse a carcajadas, usar buenas maneras, dar refuerzos positivos a los demás, encontrar un área de refugio (un «santuario» personal para reflexionar, repasar la propia vida, marcarse objetivos).
- Diciembre: El mes para montar el «Campamento de la felicidad». Gretchen se propuso y consiguió tomar clases, hacerse voluntaria.

El libro, publicado originalmente el 29 de diciembre de 2009, ha sido traducido a 31 idiomas. Se han creado grupos de «Proyecto Felicidad» desde Los Ángeles hasta Boston siguiendo el ejemplo de la autora. En la web <www.happiness-project.com>, podemos encontrar una «caja de herramientas» y seguir los progresos de Gretchen Rubin en sus objetivos de felicidad. Como Gretchen suele decir: «Los días son largos pero los años son cortos».

> «La Felicidad es contagiosa. Y también *The Happiness Project*. Una vez que has leído la historia de Gretchen Rubin buscando su satisfacción a lo largo de un año, tendrás ganas de iniciar tu propio proyecto de felicidad e invitar a tus amigos y familia a unirse a ti. Es un libro extraño que te hace sonreír y pensar al mismo tiempo, incluso en la misma página.»
>
> Daniel Pink, pensador y escritor estadounidense

Hay otra escritora que ha tenido aún más éxito mediático en su búsqueda de la felicidad, aunque no ha llamado así a su proyecto. Se trata de Elizabeth Gilbert. En 2006, con 32 años y tras su divorcio (Elizabeth suele recordar una viñeta de *The New Yorker*, en la que una mujer le dice a otra: «Si quieres conocer a una persona a fondo, divórciate de ella»), decidió marcharse (con el anticipo de los derechos del libro) durante un año a Italia, India e Indonesia y documentar sus viajes (internos y externos) en el libro *Come, reza, ama*. En Roma, disfrutar del placer (especialmente, de la comida). En un ashram a las afueras de Mumbai, para desarrollar su espiritualidad. Y en Bali, para «equilibrarse» (y allí es donde encontró a su chico). El libro ha estado entre los más vendidos de *The New York Times* durante 187 semanas (Jennifer Egan, de ese diario, describe la prosa de Elizabeth Gilbert como «una mezcla de inteligencia, sabiduría y exuberancia coloquial prácticamente irresistible»). A Oprah Winfrey le encantó y le dedicó un par de programas. Columbia Pictures compró los derechos cinematográficos; la película, producida por Brad Pitt y protagonizada por Julia Roberts y Javier Bardem, se estrenó el 13 de agosto de 2010. Un cuento de hadas hecho realidad.

Elizabeth Gilbert ha escrito una secuela, *Comprometida: Una escéptica hace las paces con el matrimonio*, que se ha publicado en enero de 2010. Sigue enamorada de Felipe, el empresario de origen brasileño y nacionalidad australiana que conoció en Bali. Ambos, supervivientes de divorcios anteriores, se prometieron no volver a casarse, pero las autoridades estadounidenses impedían a su pareja quedarse en Estados Unidos al no ser ciudadano norteamericano. No les quedaba otra que casarse. La crítica de *The New York Times* sobre *Comprometida* fue «Eat, Pray, Marry» (come, reza y cásate).

Come, reza, ama, en la novela autobiográfica y en la película, acaban con la misma palabra, en italiano: «Attraversiamo». Crucemos al otro lado.

> «Creo que el propósito fundamental de nuestra vida es buscar la felicidad. Tanto si se tienen creencias religiosas como si no, si se cree en tal o cual religión, todos buscamos algo mejor en la vida. Así pues, creo que el movimiento primordial de nuestra vida nos encamina en pos de la felicidad.»
>
> Dalái Lama (1935), maestro espiritual

EL MILLIONARIO CALLEJERO (*SLUMDOG MILLIONAIRE*)

La felicidad puede darse proviniendo de uno de los barrios más pobres del mundo.

Slumdog Millionaire (que podríamos traducir como «El millonario callejero») es una extraordinaria película sobre la felicidad en un contexto difícil como los arrabales de Mumbai (455 millones de personas malviven en India con menos de un euro al día). Dirigida en 2008 por Danny Boyle y codirigida por la india Loveleen Tandan, con guión de Simon Beaufoy basado en la novela *¿Quiere ser millonario?* (Q&A) del diplomático indio Vikas Swarup. Es un drama romántico que triunfó en los Oscar con ocho estatuillas, incluyendo la de Mejor Película y Mejor Director.

Ambientada en 2006, *Slumdog Millionaire* trata de la vida de Jamal Malik (el actor Dev Patel), que está a punto de ganar 20 millones de rupias en el popular concurso *¿Quién quiere ser millonario?* Es un chico de la calle, sin cultura. ¿Cómo lo hizo? a) Hizo trampa. b) Tuvo suerte. c) Es un genio. d) Estaba escrito. Ya ha ganado 10 millones de rupias y al día siguiente tiene que responder a la pregunta final. La policía desconfía de Jamal, chico de los recados en un centro de atención de llamadas, casi analfabeto, y le interroga violentamente. Con sus respuestas vamos conociendo la vida de Jamal Malik: cómo obtuvo de niño el autógrafo de la famosa estrella de Bollywood Amitabh Bachchan; la muerte de su madre en una revuelta contra los musulmanes; la amistad entre su hermano Salim, él y Latika (Freida Pinto); la supervivencia en el «orfanato» del gánster Maman, que entrena niños de la calle como mendigos; el robo y la estafa de los hermanos Malik a los turistas ingenuos que visitan el Taj Mahal; la separación de Salim (que trabaja para un mafioso), Latika (de quien Jamal está enamorado) y el propio Jamal. Jamal Malik participa en el concurso televisivo no para ganar dinero, sino para reencontrarse con Latika. El triunfo de Jamal en *¿Quién quiere ser millonario?* es el de todos los desheredados, que celebran la hazaña como si fuera suya. Los dos enamorados se reencuentran en la estación de trenes y comparten su primer beso. La película acaba con la respuesta a la pregunta inicial: «Está escrito». Es, en cierto modo, la afirmación del primer ministro británico Benjamin Disraeli: «El hombre sensato cree en el destino; el voluble, en el azar», o la posición ecléctica de Shakespeare: «El destino reparte las cartas y somos nosotros quienes las jugamos». El talento predestinado, propio de la moral protestante. Los latinos somos partidarios de aquella sentencia de Milton: «No creo en la casualidad ni en la necesidad; mi voluntad es el destino», de Napoleón Bonaparte: «¿Circunstancias? Yo creo las circunstancias», o de José Antonio Marina: «No creo en el destino. Al contrario, me parece que una de las grandes metas de la inteligencia humana es liberarnos de él».

La base de datos internacional de películas (IMDB) puntúa a *Slumdog Millionaire* con un 8,3 sobre 10 (188.407 votos), una de las mejores de la historia del cine. Se trata de un cuento de hadas delicioso sobre la felicidad, con una notable banda sonora (especialmente el tema «Jai Ho», «Que consigas la victoria», compuesto por A. R. Rahman, con el que acaba la película al más puro estilo Bollywood). Memorable.

> «Pensaba que estaríamos juntos sólo tras la muerte.»
>
> Latika a Jamal, en *Slumdog Millionaire*

¿Qué podemos aprender de una película tan deliciosa como ésta? El valor de perseverar en lo que uno quiera, por muy adversas que sean las circunstancias de la vida. Pocos meses después de su estreno en España celebramos, el 5 de mayo de 2009, en el Cine Proyecciones de Madrid un Cine Fórum Empresarial APD con el título «Desde la Verdad: Motivación y Resiliencia, aliados del Éxito». Presentaron la película Enrique Sánchez de León, director general de APD, y Silvia Elguer, directora de Filmax, y participaron en el debate Alan da Silva, director ejecutivo del India Desk de PricewaterhouseCoopers, y Nekane Rodríguez de Galarza, directora general de Creade Lee Hecht Harrison (Grupo Adecco), moderado por un servidor. Le pregunté a Alan por la cultura india, la idea de karma, el sistema de castas y su realidad actual y el desarrollo de una potencia económica como está siendo India, y por la trayectoria vital (la figura de Jamal Malik, el protagonista, respecto a su hermano Salim y su amada Latika), el espíritu de superación, afrontar la adversidad, la universalidad de las emociones y el poder del amor. Alan da Silva es buen amigo, he tenido el privilegio de trabajar con él en la oficina de Coopers & Lybrand en Zaragoza hace 20 años y por ello me permito incluir algunas de sus reflexiones sobre *Slumdog Millionaire*, que nos pueden resultar de utilidad:

«Viendo esta película me pongo un poco emotivo. Me hace recordar algunas de las experiencias de mi niñez y juventud. Nací y estudié en la ciudad de Mumbai hasta que tuve 20 años. Vivía a un par de kilómetros del lugar que es reconocido como la mayor zona de chabolas del mundo, Dharawi, que está cerca de uno de los barrios considerado como la reina de los barrios, Bandra. ¡Qué contraste! Pero así es India. Yo estudié en un colegio de los Jesuitas en el barrio de Bandra, y en el colegio también asistían estos niños de las chabolas. Compartí así mi estancia en el colegio con ellos. Por lo tanto, de ciertos temas que se proyectan en esta película puedo opinar personalmente porque tengo experiencias de primera mano. Puedo asegurar que estos niños pobres tenían mucha más ilusión para superarse en la vida que los niños más acomodados. Los padres de estos niños, en especial las madres, hacían todo los sacrificios para que sus hijos pudiesen estudiar y tener una vida más digna. Muchos de ellos no tenían ni una comida decente al día, ni electricidad en sus casas. Pero puedo asegurar que la mayoría de ellos tenían claro que estaba en sus manos la superación de sí mismos para un futuro mejor. Algunos seguían el camino incorrecto, pero la mayoría tomaban el camino correcto de la lucha y el trabajo. La determinación se veía en sus ojos, en su actitud de cada día. Para ellos la riqueza que les rodeaba era una esperanza y no una desolación. Era un estímulo para llegar a más. En general, no había rencor ni envidia, ellos no malgastaban sus energías en eso, pero sí se empeñaban en todo lo que les ayudaba a superar su miseria y pobreza. Una de las cualidades que también se ha reflejado en la película es que cuando tienen algo en mente, o se proponen algún objetivo, ponen todo el empeño en conseguirlo. Como hemos visto en el comportamiento de Jamal. Su objetivo principal no era ganar el concurso sino alargar su estancia allí para tener más posibilidades de encontrarse con su chica, Latika. La curiosidad es una de las cualidades inherente en el gen de estos chicos, también se demuestra en *Slumdog Millionaire.* Os puedo asegurar que en estos niños la rapidez de aprendizaje y la observación con atención y detalle son fuera de lo normal. Creo que estas comunidades de chabolas son las mejores escuelas de aprendizaje. Por las circunstancias, estas chabolas dan un curso rápido de supervivencia a sus inquilinos. Minuto a minuto, el entorno pone a prueba a cada uno de ellos haciéndoles espabilar para poder sobrevivir. La propia inercia de este ambiente hace sacar lo mejor de cada uno. Es cierto que al final uno puede utilizar las cualidades para el bien o el mal. Como en el caso de los hermanos Jamal y Salim. La tenacidad es vital para sobrevivir en estos ambientes preparándolo a uno para una lucha dura y larga. Pero cuando uno pone de su parte, la suerte también te sonríe. Creo que uno tiene que preparar el terreno para invitar a la suerte. Las películas de Bollywood son una parte fundamental en la vida de la población pobre. Por eso se explica el increíble éxito de este negocio en India. Las películas ayudan a los pobres a tener «modelos de rol», fantasear, crear sueños y ambiciones y continuar luchando por ellos. Es un estímulo adicional y una señal de que los milagros son posibles. Las películas de Bollywood se imponen mucho en el comportamiento de esta población de una manera positiva. Si faltaran estas películas sería como una falta de adrenalina para seguir adelante. La incomodidad es el estado clave para impulsar el cambio. Y el estado de la pobreza es el terreno fértil de incomodidades e inquietudes. Los empresarios deben crear este estado de inquietud, incomodidad en sus empresas para que puedan ir superándose y sobreviviendo. Es difícil mantener este ambiente en las empresas, pero los que puedan tendrán más posibilidades de superar los obstáculos en su camino. En resumen: busca tu propia suerte, y pon al máximo los cinco sentidos, para que pueda funcionar el sexto sentido».

Modelos de excelencia: Gabriel Masfurroll

La felicidad se nota en la cara. Te la transmite quien la tiene.

Me gusta decirle a Gabriel Masfurroll que es «el abuelo más feliz del mundo». Su primer nieto nació en el mismo momento en que Leo Messi marcaba un gol en el Camp Nou y a los pocos días, siendo ya socio del Barça, recibió una camiseta firmada por todos los jugadores del primer equipo.

Este catalán universal, amigo de sus amigos, sabe muy bien lo que es ser feliz, aunque la vida le ha puesto numerosas veces a prueba. Nadador olímpico, discípulo de Juan Antonio Samaranch, ex vicepresidente del F. C. Barcelona, *chairman* del Advisory Board de la NFL, actual vicepresidente de la Fundación del F. C. Barcelona, escritor asiduo en *Marca*, no concibe su vida sin el contacto permanente con el deporte. Y es además un empresario de éxito, con una visión de futuro espectacular.

«Para superar la crisis, pasión.»
Gabriel Masfurroll

Inició su carrera profesional como economista en el Hospital de Sant Pau (Barcelona). Tras cursar un máster en Gestión Sanitaria en ESADE, trabajó en la Fundación Puigvert y la Fundación Jiménez Díaz, así como para multinacionales del sector como American Medical International, Sanitas (BUPA Group) y Hospital Corporation of America. En 1998, Gabriel Masfurroll creó USP, un grupo privado que cuenta con 35 hospitales (entre ellos, la Clínica Dexeus, la joya de la corona) y 3.500 profesionales, 2.500 de ellos médicos, y que se ha convertido en la cadena hospitalaria líder en España, con aperturas en Portugal, Marruecos y Angola. Fue presidente y consejero delegado de USP hasta enero de 2010, y en la actualidad, entre sus múltiples iniciativas (es consejero de varias importantes sociedades, Aguirre Newman entre ellas, miembro de la junta directiva de la APD y del Círculo Ecuestre de Barcelona) está Wings 4 Business, «El proyecto creado por un grupo de emprendedores con experiencia en diversos sectores, que actúa como vehículo para facilitar que otros profesionales puedan desarrollar nuevas iniciativas empresariales en distintas áreas, aprovechando el *expertise* y el *know how* de sus directivos». Masfurroll es además patrón y fundador de la Fundación Alex (www.fundacionalex.org), una entidad benéfica creada en 2006, que dedica sus esfuerzos a proyectos solidarios relacionados con la infancia desprotegida y la discapacidad, dando asimismo gran relevancia a la integración a través del deporte.

Define ejercer el liderazgo como «armonizar razón y emoción». Y explica valientemente: «El problema de hoy es que el mundo económico está dirigido por financieros que persiguen el puro retorno financiero. A mí me gusta más el modelo del empresario industrial que deja un legado, que busca la rentabilidad a largo plazo. Y para ello hay que invertir en las personas». La clave del éxito para Gabriel Masfurroll está clara: «Si sabes rodearte de gente buena y de buena gente, el éxito está asegurado».[53]

Uno de sus tres hijos, Álex, nació con síndrome de Down y falleció a los tres años. Fruto de esta pérdida es la Fundación Álex, que creó y preside desde mayo de 2006. En la dedicatoria del primero de sus libros, Gabriel escribió: «A Álex. Alegró y llenó nuestras vidas tres años. Su paso fugaz pero intenso cambió nuestra forma de ser y de ver las cosas».

Gabriel Masfurroll, conferenciante de Thinking Heads con proyección internacional, es autor de varios libros de éxito, como *Aprender de los mejores* (2005), con 40.000 ejemplares vendidos, o *Cartas a Álex a través de una vida*. Es además epiloguista de otros dos superventas, *Liderazgo Guardiola* y *Mourinho versus Guardiola*, coescritos por la Dra. Leonor Gallardo y un servidor. Es articulista habitual, además de en *Marca*, en *Expansión*, *La Vanguardia*, *El Mundo* y *El País*. También ejerce la docencia en IESE, ESADE y la Universidad Autónoma de Barcelona.

Gabriel Masfurroll es un ser entrañable que ha decidido ser feliz haciendo felices a los demás y lo cumple a rajatabla, con la disciplina de un gran deportista. Una persona cariñosa que aplica la máxima de Teresa de Calcuta (1910-1997): «No permitas nunca que alguien, tras el encuentro contigo, no sea más feliz».

¿Qué puede hacer un coach por ti?

De igual modo que el deporte eleva el estado de ánimo de quienes lo practican, el coaching ha de hacer más feliz a quien se esfuerza en este proceso.

La felicidad es el tema de nuestro tiempo, si acaso el de todos los tiempos, y requiere de un esfuerzo para cultivarla que difícilmente puede lograr uno solo. Dale Carnegie nos enseñó (y filósofos como el emperador romano Marco Aurelio antes que él) que «la felicidad no depende de lo que tienes; depende de lo que piensas». Por tanto, para ser felices hemos de analizar la calidad de nuestros pensamientos y actuar en consecuencia.

Un coach eficiente te ayudará, en primer lugar, a medir adecuadamente tu grado de felicidad, utilizando herramientas como la «Escala de la felicidad subjetiva», creada por Sonja Lyubomirsky (cuatro preguntas, para puntuar entre 1-7, sobre la consideración personal) que aparece en su libro *La ciencia de la felicidad*, o «El cuestionario de Oxford sobre la felicidad», con 29 sentencias, que también figura en el mencionado libro de la profesora Lyubomirsky.

Asimismo, un coach eficaz ha de revisar contigo las «doce campanadas» de la felicidad, tus fortalezas y oportunidades de mejora al respecto, para poder apalancar sobre los puntos fuertes y aprovechar las oportunidades que se presentan. Se trata de que el coach te ayude a des-velar, a quitarte los velos, a abrir los ojos...

«Puede ser que una vez,
en un *desvelo*,
descubramos que el mundo es una fiesta
y encontremos por fin esa respuesta,
que desde siempre nos esconde el cielo.»
Mario Benedetti (1920-2009), poeta uruguayo

Sí, el mundo es una fiesta, con sus presentes. Hemos de celebrarla.

CONCLUSIONES

10. UNA PERSONA INTEGRAL E ÍNTEGRA

«...pues no hay cosa más desasosegada que el ánimo insatisfecho de sí mismo.»

Erasmo de Rotterdam (1466-1536), humanista holandés

«Vive de tal manera que cuando tus hijos, amigos o conocidos piensen en justicia e integridad, piensen en ti.»

Anónimo

INTEGRAR LAS CUATRO ENERGÍAS

Los profesionales de la empresa versados en la estrategia suelen estar familiarizados con el Cuadro de Mando Integral *(Balanced Scorecard)*, una herramienta diseñada por David Norton y Robert Kaplan a mediados de los noventa para conseguir una mayor eficacia en la implantación estratégica. Toda estrategia completa ha de contar con cuatro perspectivas: la financiera o de negocios (objetivos como facturación, beneficios, flujo de caja...), la de clientes y mercado (cuota de mercado, ingresos por cliente, rentabilidad por cliente...), la de procesos (calidad, coste y tiempo de productos y servicios, innovaciones, responsabilidad social...) y la de talento (cultura corporativa, clima laboral, competencias de los profesionales, compensación...). Estas cuatro perspectivas establecen una secuencia de causa-efecto. A escala individual, las cuatro perspectivas (financiera, clientes, procesos, talento) se corresponden con el grado de activación de cuatro energías: física, emocional, mental y espiritual. Si nos sentimos físicamente exhaustos, emocionalmente desanimados, mentalmente descentrados y/o espiritualmente anómicos (sin rumbo respecto a nuestros valores), perdemos muchas posibilidades a la hora de dar lo mejor de nosotros mismos.

> «Unos han pretendido renunciar a las pasiones y convertirse en dioses; y otros, renunciar a la razón y convertirse en bestias. Pero no han podido ni los unos ni los otros.»
>
> Blaise Pascal (1623-1662), filósofo francés

Salud física, equilibrio emocional, lucidez mental y despertar espiritual nos aportan una consciencia integral. Ken Wilber, el fundador del Integral Institute, llama «práctica integral de la vida» a la combinación de estas cuatro energías. Nos propone trabajar el cuerpo, la mente, el espíritu y la sombra (lo emocional) a través de las cuatro dimensiones del ser (individual-interior: yo, colectivo-interior: nosotros, individual-exterior: ello y colectivo-exterior: ellos) con las más variadas actividades: físicas, como los ejercicios aeróbicos, el trabajo con pesas o la dieta sana; mentales, como la psicoterapia, las visualizaciones o las afirmaciones; meditativas, como el Zazen, el Vipassana o la oración; en comunidad, como el vountariado, el cuidado compasivo o el compromiso social; en la naturaleza, como el reciclaje, el excursionismo o las celebraciones al aire libre; energéticas, como el yoga, el Tai Chi o el Chi Kung... Las líneas de crecimiento han de ser diferentes para cada persona según su nivel de evolución, pero siempre integradas.

> «El mundo actual debe integrar mente, emociones e instinto.»
>
> Claudio Naranjo (1932), psiquiatra chileno

De qué depende el éxito

> «El éxito no es la clave de la felicidad. La felicidad es la clave del éxito.»
>
> Albert Schweitzer (1875-1965), Premio Nobel de la Paz

No pongamos el carro delante de los bueyes.

El sociólogo neoyorquino Malcolm Gladwell, autor de varios superventas, dedica su libro *Fueras de serie: Por qué unas personas tienen éxito y otras no (Outliers. The store of success)* a que entendamos de qué depende el éxito.

En primer lugar, de la *oportunidad*. Es el llamado «efecto Mateo» (de la parábola de los talentos en el Evangelio según San Mateo, 25:29, «A quien tiene se le dará y tendrá de más; pero al que no tiene, se le quitará aun lo que no tiene»). Gladwell pone como ejemplo el hockey canadiense, que tradicionalmente se considera toda una meritocracia. Sin embargo, un psicólogo de aquel país llamado Roger Barnsley se dio cuenta de que la mayor parte de los jugadores canadienses (el 40%) habían nacido en enero, febrero o marzo y sólo el 10% entre octubre y diciembre. ¿Por qué esta diferencia entre trimestres? Porque en el colegio la fecha de corte es Nochevieja, el 31 de diciembre. Los «mayores» (los nacidos en el primer trimestre) han tenido mejor entrenamiento que los «pequeños» (nacidos en los últimos 100 días del año). En el fútbol europeo y en el baloncesto ocurre prácticamente lo mismo. El también sociólogo Robert Merton lo llamó «efecto Mateo»: es la idea recurrente (en las revistas especializadas, en la práctica del deporte) de que los que tienen éxito reciben mejores oportunidades. El éxito es una «ventaja acumulativa» y funciona como tal.

«Saber y saberlo demostrar es valer dos veces.»
Baltasar Gracián (1601-1658), pensador español

El segundo gran efecto, según Malcolm Gladwell, es el de «las 10.000 horas». El psicólogo K. Anders Ericsson y sus colegas analizaron a los estudiantes del Conservatorio de Berlín para comprobar dónde estaba su talento. Les dividieron en tres grupos: los que se consideraba que serán grandes maestros, los simplemente «buenos» y los que no llegarían a ser profesionales de la música. ¿Diferencias en el cociente intelectual, en la clase social, en los rasgos de personalidad? Ninguna en absoluto. La diferencia estaba, pura y simplemente, en la práctica. Básicamente, todos los estudiantes del Conservatorio habían empezado alrededor de los 5 años de edad. Pero los del grupo A practicaban unas 6 horas a la semana a los 9 años, unas 8 horas semanales a los 12, unas 16 horas a los 14 y hasta 30 horas semanales a los 20. A esa edad, esos estudiantes llevaban 10.000 horas de práctica. Los del grupo B, un 20% menos (unas 8.000 horas) y los del grupo C, menos de la mitad (unas 4.000 horas).

«Una habilidad mediana, con esfuerzo, llega más lejos en cualquier arte que un talento sin él.»

Baltasar Gracián (1601-1658), pensador español

El neurólogo Daniel Levitian ha escrito: «Lo que se desprende de estos estudios es que 10.000 horas de práctica es lo que te convierte en maestro de algo». Lo mismo ocurre con compositores, jugadores de baloncesto, escritores, pianistas, delincuentes, etc. «No hay ningún caso en que ser un experto de clase mundial se consiga en menos tiempo», sentencia Gladwell. Michael Howe, en *Genius Explained*, ha demostrado que las obras de Mozart son malas hasta que cumplió los 21; a esa edad llevaba diez años componiendo conciertos. Gladwell insiste: «10.000 horas de dura práctica es el número mágico de la grandeza». Por ejemplo, genios de la música como Los Beatles, que llegaron a Estados Unidos en 1964, tocaban juntos desde siete años antes. En Hamburgo, tocaban los siete días de la semana. En 1964, ya habían tocado juntos unas 1.200 veces (añadamos a esas miles de horas al menos otras tantas de ensayo).

El tercer elemento del que depende el éxito en cualquier disciplina son las *oportunidades ocultas bien aprovechadas*. Gladwell pone como ejemplo a las que se considera las 75 personas más ricas de la historia, desde los faraones del antiguo Egipto a nuestros contemporáneos Warren Buffet y Carlos Slim. De ellos, 14 (casi el 20%) son nacidos en Estados Unidos con apenas nueve años de diferencia, entre 1831 y 1840. ¿Casualidad? La verdadera razón es que entre 1860 y 1870 Estados Unidos vivió el período de crecimiento más espectacular de la historia, con la construcción del ferrocarril y de otras infraestructuras. Unos cuantos se aprovecharon de ello. Los tres fundadores de Sun Microsystems, el fundador de Microsoft (Bill Gates), el de Apple (Steve Jobs) y el consejero delegado de Google (Eric Schmidt) han nacido entre 1954 y 1955. Estaban en el momento adecuado, en el sitio adecuado, y supieron aprovechar la oportunidad.

«El éxito es la consecuencia de sentir que lo que tenemos es fruto de hacer aquello que nos gusta, que nuestro éxito no tiene por qué implicar la derrota del otro y que el don que se nos ha dado fue puesto al servicio de los demás, aunque finalmente también nos resulta beneficioso a nosotros. El éxito que nos trae paz es aquel en el que ponemos nuestra misión por encima de nuestro ego, es ahí donde damos lo mejor de nosotros y recibimos lo mejor de los otros.»

Ari Paluch (1962), comunicador argentino

Cada uno de nosotros hemos de definir nuestro concepto de éxito y ajustar nuestra definición de felicidad en consecuencia. Nadie debe hacerlo por nosotros, aunque es difícil que éxito y felicidad afloren sin las conversaciones adecuadas.

La búsqueda de la coherencia

«Mi vida es un todo indivisible y todas mis actividades están interconectadas... Mi vida es mi mensaje.»

Mahatma Gandhi (1869-1948), pensador y político indio

Aunque prácticamente todos nosotros tratemos de justificar nuestro modo de vida, reflexionar sobre la propia coherencia no es tarea fácil. En cierta ocasión le preguntaron al Dalái Lama qué le sorprendía más de la humanidad. Y él respondió: «Los hombres. Porque pierden la salud para ganar dinero, después pierden el dinero para recuperar la salud. Y por pensar ansiosamente en el futuro no disfrutan el presente, por lo que no viven ni el presente ni el futuro. Y viven como si no tuviesen que morir nunca. Y mueren como si nunca hubieran vivido». Un nivel de incoherencia al que estamos muy acostumbrados.

Coherencia para dejar un legado. En uno de sus principales discursos, John Fitzgerald Kennedy dijo lo siguiente:

«Cuando en una fecha futura el alto tribunal de la historia se siente a juzgarnos a cada uno de nosotros, nuestro éxito o fracaso en cualquier oficio que tengamos se medirá por las respuestas a cuatro preguntas:

¿Fuimos realmente personas de coraje?

¿Fuimos realmente personas íntegras?

¿Fuimos realmente personas de juicio?

¿Fuimos realmente personas comprometidas?».

Somos seres mortales capaces de dejar un legado para las generaciones venideras.

Un hombre para la eternidad

Pensar en la integridad es admirar a Tomás Moro.

Tal vez el mayor elogio que un amigo puede hacerte es el que Erasmo de Rotterdam le hizo a su entrañable amigo Tomás Moro (1478-1535): «Parece haber nacido y haber sido hecho para la amistad; nadie tiene un corazón más abierto y sincero para hacer amigos o mayor tenacidad para conservarlos. Ni tiene miedo alguno de aquella plétora de amistades contra la que Hesíodo nos advierte. Para todos tiene abierto el camino a un lugar seguro en su afecto. En la elección de los amigos no es difícil de complacer; en sostener la amistad es el más flexible de los hombres; y en mantenerla el más indefectible. Si por cualquier circunstancia ha escogido a uno cuyas faltas no puede enmendar, espera a que se presente una oportunidad de soltarse, desatando el nudo de la amistad en lugar de romperlo. Cuando se encuentra con gente de su gusto, abierta y franca, goza tanto de su compañía y conversación que uno pensaría fuera para él el placer más grande en la vida».

Erasmo consideraba a Moro «a man for all seasons» («un hombre para todas las ocasiones, en la fortuna y en la adversidad» y así se titula la película de 1966 dirigida por Fred Zinnemann (en España se tradujo por *Un hombre para la eternidad* y en Hispanoamérica como *Un hombre de dos reinos*). Ganadora de seis Oscar y ocho BAFTA, basada en una obra de teatro de Robert Bolt (guionista de la película), narra los últimos años de la vida de Tomás Moro (Paul Scofield, que también lo interpretó sobre el escenario) hasta su ejecución en la Torre de Londres.

La película empieza con el cardenal Wolsey (Orson Welles), que llama a sir Tomás Moro a su palacio de Hampton Court. El rey Enrique VIII quiere divorciarse de Catalina de Aragón para casarse con Ana Bolena y Moro es el único miembro del Consejo. Volviendo en el ferry del Támesis a Chelsea, Tomás Moro se encuentra con el joven Richard Rich (John Hurt), que le pide un puesto en la corte. Moro le aconseja que se haga maestro. Ya en su casa, se encuentra con su hija Meg (Susannah York), que desea casarse con William Roper, a lo que Tomás Moro se niega porque es un «hereje» protestante. Wolsey fallece tras caer en desgracia y Enrique VIII (Robert Shaw) nombra canciller de Inglaterra a Tomás Moro. El rey visita la casa de Moro en Chelsea y alterna favores con amenazas para flexibilizar la postura de su canciller. No lo consigue.

El rey Enrique, cansado de esperar un divorcio de la Santa Sede, decide proclamarse «Cabeza de la Iglesia Anglicana». Tomás Moro prefiere dimitir de su cargo, pero aun así Enrique VIII le exige que acuda a su boda con Ana Bolena (Vanessa Redgrave). Moro lo rechaza. A partir de ahí, es acusado de alta traición. Sin embargo, a pesar de las presiones de Cromwell y de los intentos de sutil manipulación del arzobispo Thomas Cranmer, Moro se mantiene firme en su postura ética. Es condenado por traición sobre la base del testimonio perjuro de Richard Rich, al que nombran fiscal general de Gales. La película acaba con este comentario del narrador: «La cabeza de Tomás Moro quedó clavada en la Puerta del traidor durante un mes. Luego su hija, Margaret, la quitó de allí y la conservó hasta su muerte. Cromwell fue decapitado por alta traición cinco años después de Moro. El arzobispo fue quemado en la estaca. El duque de Norfolk tenía que haber sido ejecutado por alta traición pero el rey murió de sífilis la noche antes. Richard Rich se convirtió en canciller de Inglaterra y murió en su lecho».

Sir Thomas More, castellanizado para nosotros como Tomás Moro, siempre mantuvo «la sencillez de su honestidad». Teólogo, político, estadista, humanista, pensador, escritor, es un ejemplo histórico de ecuanimidad y compromiso ético. Beatificado por el papa León XIII en 1883 como mártir, fue proclamado santo en 1935. Nombrado patrón de los políticos y los gobernantes por Juan Pablo II en el año 2000, a petición del presidente de la República Italiana y de cientos de jefes de gobierno y de Estado, parlamentarios y políticos.

«Los hombres, cuando reciben un mal lo escriben sobre un mármol; mas si se trata de un bien, lo hacen en el polvo.»

Tomás Moro (1478-1535), político inglés

Modelos de excelencia: José Antonio Marina

El pensamiento español ha contado con personalidades, no siempre bien comprendidas, como Jaime Balmes, Donoso Cortés, Miguel de Unamuno, Menéndez Pidal, Ortega y Gasset, Claudio Sánchez Albornoz, Salvador de Madariaga, Gregorio Marañón o Julián Marías. En nuestra época, la referencia es José Antonio Marina.

Conozco personalmente al maestro Marina desde hace más de 20 años, cuando coincidimos en un Congreso de la Asociación Internacional de Estudiantes de Ciencias Económicas (AIESEC) en el que compartimos ponencia. He tenido el privilegio de coincidir en jornadas de APD, de poder presentarle en distintos congresos, de trabajar juntos para empresas clientes... He conseguido, en la presentación de un libro, que cantara el tango *Por una cabeza*, explicando el paralelismo entre las carreras de caballos y la seducción. Él me presentó intelectualmente a Martin Seligman, el padre de la psicología positiva, y desde que leí *Elogio y refutación del ingenio*, soy un devoto lector de todos y cada uno de sus libros. Imagino que el aprecio que sentimos por J. A. M. es similar al que podían sentir por Ortega o Marañón algunos de sus coetáneos.

Nieto del insigne filósofo toledano Juan Marina Muñoz, José Antonio Marina Torres (1939) es catedrático excedente de filosofía en el Instituto de La Cabrera de la Comunidad de Madrid y Doctor Honoris Causa por la Universidad Politécnica de Valencia. Es Premio Giner de los Ríos de Innovación Educativa, Premio DMR de Economía, Medalla de Oro al Mérito Educativo por la Junta de Andalucía y Medalla de Oro de Castilla-La Mancha. Apasionado de Unamuno, amigo personal de Álvaro Pombo (con quien estudió en la Universidad Complutense) y discípulo de Edmund Husserl, es el creador de una teoría de la inteligencia que comienza en la neurociencia y culmina con la ética. *Elogio y refutación del ingenio* (1992) fue una agradabilísima sorpresa, un soplo de aire fresco, en el pensamiento español, y recibió el Premio Anagrama de Ensayo y el Premio Nacional de Ensayo. Afortunadamente, este éxito de crítica y público no fue flor de un día. Le siguieron *Teoría de la inteligencia creadora* (1993), *Ética para náufragos* (1996), *El laberinto sentimental* (1998) y *El misterio de la voluntad perdida* (1998). Con Marisa López Pernas, publicó el *Diccionario de los sentimientos* en 1999. El año 2000 fue especialmente prolífico para el profesor Marina, con *El vuelo de la inteligencia*, *Crónicas de la ultramodernidad* y *La lucha por la dignidad: teoría de la felicidad política*, con la profesora María de la Válgoma. Ya en el siglo XXI, José Antonio Marina se adentró en la lingüística (*La selva del lenguaje*, 2002), el sexo (*El rompecabezas de la sexualidad*, 2003), la religión (*Dictamen sobre Dios*, 2002; *Por qué soy cristiano*, 2005) y la política (*Los sueños de la razón*, 2004). Con su amiga Nativel Preciado conversó en *Hablemos de la vida* (2003) y ese mismo año publicó *Memorias de un investigador privado* (una metáfora que le encanta para dar forma a sus reflexiones e investigaciones). Tras *La inteligencia fracasada: teoría y práctica de la estupidez* (2004), ha escrito *Aprender a vivir* (2004) y *Aprender a convivir* (2006); *La magia de leer* (2005) y

La magia de escribir (2007), con la profesora María de la Válgoma; *La revolución de las mujeres* (2006); *Anatomía del miedo: un tratado sobre la valentía* (2007); *Las arquitecturas del deseo. Una investigación sobre los placeres del espíritu* (2007); *La pasión del poder. Teoría y práctica de la dominación* (2008). En 2009, cuatro libros: *Palabras de amor*, *La recuperación de la autoridad* y *La conspiración de las lectoras* (con María Teresa Rodríguez de Castro). De 2010 son una *Historia de la pintura*, *La educación del talento* y *Las culturas fracasadas*. Además, el profesor Marina ha escrito un libro de texto de *Educación para la ciudadanía*, el Estudio anual 2005 sobre *La familia en el proceso educativo* y, con Rafael Bernabéu, un análisis de la *Competencia social y ciudadana* (2007).

El mapa conceptual del pensamiento y las más de 30 obras de José Antonio Marina serían una especie de campo de béisbol, en el que la primera base es el «Estudio neurológico de la inteligencia». Para llegar a la segunda base, que es la «Inteligencia para vivir», Marina recorre el «Ingenio» (que elogia y refuta), la «Inteligencia creadora» (creatividad en la ciencia, el arte, la economía, la política y la religión), la «Inteligencia ética» (el lenguaje, que se bifurca en un diccionario de los sentimientos y en la búsqueda de la voluntad perdida) y el «Talento» (que ha de ser educado, para vivir y convivir). Camino a la tercera base, la «Inteligencia para convivir», J. A. M. pasa por la «Dignidad» (consecuencia de la voluntad) y el «Amor» (actitudes, sexualidad, afectividad). Entre la tercera base y la cuarta, la «Educación», Marina analiza la «Cultura y creencias», la «Inteligencia fracasada (el miedo, el deseo, el poder) y las «Ciudades con talento». Finalmente, entre la cuarta base y la primera, la «Lectura» (*La magia de leer*, *La magia de escribir*), la «Movilización educativa» (con la educación para la ciudadanía y la Universidad de Padres como proyectos principales) y la «Inteligencia social».[54]

Marina colabora habitualmente en prensa, radio y televisión; y propugna un proyecto de «movilización educativa», cuya iniciativa más reciente (y ambiciosa) es la Universidad de Padres, cuyo lema se basa en el proverbio africano: «Para educar a un niño hace falta una tribu entera». En realidad, Marina nos enseña: «Para educar a un niño hace falta una tribu; para educarlo bien, una buena tribu».

> «La ética es el conjunto de soluciones que ha inventado la inteligencia humana para resolver problemas que afectan a la felicidad personal y a la dignidad de nuestra convivencia.» «La ética, la perfección, sería el modo más inteligente de vivir, y no pueden estar desconectadas de la felicidad.» «Las empresas tienen los mismos deberes éticos –deberes de compasión, de ayuda a los débiles, de defensa de la dignidad, de fomentar la justicia– que tenemos las personas reales.»
>
> José Antonio Marina (1939), filósofo español

¿Qué puede hacer un coach por ti?

El coaching es realmente eficaz tanto en un planteamiento integral del aprendizaje (lo que Stephen Covey llamó en *Los siete hábitos de la gente eficaz*: «afilar el hacha», en la forma física, el equilibrio emocional, la concentración mental y la vivencia espiritual) como en el desarrollo de la integridad.

El diálogo fructífero con un coach nos aporta perspectiva, nos permite analizar la bondad de nuestras acciones y revisar el sentido de lo que estamos haciendo. Además, nos permite «ponernos deberes» respecto a nuestra alimentación, la actividad física, la meditación, la relajación, el ocio o cualquier otra prioridad que en realidad nos marquemos.

Un espejo adecuadamente pulido te preguntará con franqueza sobre tu concepto de éxito y hasta qué punto estás avanzando o retrocediendo en ese camino. Te hará ver el grado más real posible de coherencia: si tus palabras y tus actos van en sintonía o, por el contrario, encierran un oculto y sospechoso cinismo.

Y, sobre todo, te moverá a la acción. Al compromiso, a la responsabilidad, a asumir tu potencial, a trabajar con disciplina en lo que quieres ser. Te ayudará a que irradies aún más excelencia personal, autoridad moral, credibilidad, liderazgo…

«Algunos quieren cambiar el mundo..., pocos quieren cambiarse a sí mismos.»

Lema de la película *También la lluvia* (2011)

«La felicidad no es más que una actitud mental, que podemos entrenar con esfuerzo y tiempo.»

Nick Powdthavee, economista conductual

«El talento que practica el coaching es la levadura que transforma una sociedad y la hace crecer.»

Lee Kuan Yew (1923-1990),
primer jefe de Gobierno de Singapur

Conclusiones: Bien, estoy convencido. ¿Ahora qué?

Si has llegado hasta aquí, es muy probable que te hayas convencido de que si quieres mejorar realmente en:

- Audacia
- Comunicación
- Confianza
- Felicidad
- Ilusión
- Networking/Liderazgo
- Optimismo inteligente
- Talento
- Vocación
- Un planteamiento íntegro e integral de tu propia vida...

...necesitas un coach.

¿Ahora qué puedes hacer? El coaching es un proceso valioso y una profesión muy reciente en nuestro país, con apenas un par de décadas de existencia, y no es fácil separar el grano de la paja.

En primer lugar, debes decidir el coaching que deseas para ti. Si se trata de coaching ejecutivo (ligado, además de tu persona, a tu papel como profesional en el mundo de las organizaciones) o coaching vital (mejorar tu calidad de vida, pero no ligado al entorno profesional). En lo relativo al *life coaching*, la asociación de referencia es la ICF (Internacional Coaching Federation), cuya sección en España preside Luis Carchak. Creada en enero de 2004, posee un proceso de certificación y un código deontológico profesional. Respecto al coaching ejecutivo, la asociación de referencia es AECOP (Asociación Española de Coaching y consultoría de procesos), que preside Manuel Seijo. Creada en el año 2000, forma parte de la European Mentoring & Coaching Association. Posee asimismo un riguroso proceso de certificación y un código de conducta y valores, cuyos principios generales del coaching ejecutivo incluyen: perspectiva sistémica, orientación a resultados, focalización en el negocio, relación, competencia y honradez.

Según el mencionado estudio EMCE 2010, hay alrededor de unos 260 coaches activos en España (aunque dada la picaresca de ciertos elementos de la cultura, abundan los autodenominados coaches que han recibido un curso de un fin de semana y no cuentan con experiencia alguna). Este cuarto de millar contrasta con el número de coaches profesionales en Reino Unido, Alemania o los Países Bajos, que son unas seis veces más, por lo que se espera que el coaching siga creciendo al 30% anual en los próximos cinco años. El mercado actual alcanza los siete millones de euros (un coach con más de diez años de experiencia cobra unas 2,5 veces lo que un coach de primer año).

El perfil del coach en España es de mujer (54%) u hombre (46%), de entre 30 y 49 años (el 72% de los casos; mayor de 50, el 24%), que reside en Madrid (el 53% de los coaches; el 23% en Barcelona), con 1-5 años de experiencia (el 47%; el 31% no llega a un año de experiencia y el 22% tenemos más de cinco años de experiencia), que además ofrece servicios de formación (en más del 80% de los casos), que tiene unos 17 pupilos con los que realiza unas 125 sesiones de coaching en modalidad individual y presencial (entre cuatro y diez sesiones de unos 90 minutos de duración) durante unos seis meses. Utilizan como herramientas el «feedback 360º» (en un 40% de los casos), otras, como el DAFO o cuestionarios específicos, el eneagrama o el Belbin (25%), el MBTI (14%) o ninguna (16%).

¿Debe estar el coach certificado? Un 91% opina que sí (51% «imprescindible», 40% «conveniente»). El 93% cree «imprescindible» y el 7% restante «conveniente» una formación para ejercer la profesión de coach. Un 32% de los coaches españoles ha estudiado humanidades (psicología, sociología, pedagogía, filosofía), un 24% ciencias (ingenierías, medicina y similares) y un 44% otros estudios universitarios. Alrededor del 50% está certificado por AECOP, por la ICF o por las dos.

Más allá de la aptitud, la actitud. En Eurotalent, nuestros coaches para la alta dirección tienen que ser auténticos maestros en tres papeles: el de Sócrates (la comadrona, que domina la mayéutica, para promover la reflexión y el descubrimiento), con cualidades como el pensamiento global o conceptual, la autoconfianza, la empatía positiva (dar a la persona no lo que quiere, sino lo que necesita), la escucha atenta, el autocontrol (para ayudar al pupilo a que descubra y se comprometa, no decirle lo que tiene que hacer, manteniendo en todo momento la confidencialidad) y la integridad (cumplir lo que promete); el de Merlín (para pasar del descubrimiento al plan de acción: «ayudar al rey Arturo a sacar la espada de la piedra para ser rey»), con competencias, además de las anteriores, como la orientación a resultados y la iniciativa; y el de Pepito Grillo (la conciencia), para que los hitos del plan de acción se cumplan y los objetivos (de comportamiento, y como consecuencia de resultados) se alcancen, con competencias como la influencia honesta (la credibilidad, la autoridad moral) y el desarrollo de personas (dar reconocimiento a lo que una persona hace bien y podría hacer mejor).

En esta segunda década del siglo XXI, no se concebirá un directivo que no sea realmente un líder-coach, capaz y comprometido en obtener de los miembros de su equipo lo mejor de sí mismos. Un requisito imprescindible para la calidad directiva. El líder coach recibe y recibirá coaching en su propio provecho para capacitar mejor a los demás.

EPÍLOGO:
APRENDIZAJE, DESARROLLO Y FELICIDAD

Quienes conocemos las obras de Juan Carlos Cubeiro sabemos que, cuando un nuevo libro suyo ve la luz, tenemos aseguradas unas cuantas horas de buena lectura, que nos va a ayudar a reflexionar sobre la naturaleza humana. Por ello son obras a las que se vuelve una y otra vez.

Considero todo un privilegio que mi buen amigo Juan Carlos me haya ofrecido cerrar el libro con este epílogo, pues he podido leerlo antes de que vea la luz, una buena forma de empezar el año. Además tengo la fortuna de que tú, lector, ya has podido comprobar cuánto aprendizaje y diversión hay en cada una de las páginas de esta magnífica obra, en la que una vez más su autor nos ha sorprendido con un original enfoque: anticipar el futuro, explicar el pasado, obtener el presente y todo ello utilizando dos de sus grandes pasiones: el cine y las personas que van pasando por su vida y dejan huella, personas que construyen su memoria.

Conozco a Juan Carlos desde hace más de quince años y valoro enormemente su amistad y toda la ayuda que va prestando de manera generosa a tantas personas que nos hemos cruzado en su camino. Decía Julián Marías, autor que ambos admiramos, que «por la vida no te pasan cosas, sino personas», y Juan Carlos es de esas personas.

Y por ello ha querido ampliar su capacidad de ayuda con esta obra que trata de algo más de por qué necesito un coach y confluye en la esencia del ser humano.

En momentos de elevada incertidumbre como el actual, en el que la estructura de la sociedad parece no ser tan sólida, segura y predecible como creíamos, es importante un ejercicio de reflexión personal y colectiva que nos ayude a forjar nuestro destino. Preguntarnos por nuestro propósito vital, por nuestra misión, no sólo como profesión sino como la forma de estar en el mundo. Elegir qué y cómo queremos ser, ahí radica la grandeza de la libertad del ser humano, esa elección es la auténtica opción moral. Y a lo largo de una vida tendremos que reinventarnos continuamente (esa «mente de arcilla»), volver a empezar y transformarnos, porque las mismas preguntas irán generando mejores respuestas, conforme el autoanálisis sea más profundo y la humildad vaya ganando terreno.

El ejercicio de la libertad exige el conocimiento de uno mismo, sólo a través de la consciencia, si se alcanza el suficiente grado de introspección personal, podemos llegar a vivir con plenitud la vida. El saberse profundamente humano nos hará más compasivos con nosotros mismos, para así poderlo ser con los demás.

Sólo el autoconocimiento puede conducir al gobierno de uno mismo, requisito indispensable para poder dirigir a los demás, ese «conócete a ti mismo», palabras inscritas en la puerta del templo de Apolo en Delfos. Y sobre liderazgo toma algunas lecciones de políticos, empresarios, pensadores y líderes espirituales, cuyos pensamientos han ido dejando huella en Juan Carlos y ahora, gracias a su generosidad, en nosotros.

Y para dirigir a los demás es necesario conocerles como profesionales y como seres humanos, ahí la escucha lo es todo, escuchar no sólo las palabras, también los silencios, los gestos, los comportamientos, para comprender y entender al otro, otro yo. El auténtico líder es aquel a quien su gente le importa, siente el valor del afecto, de la ayuda a los demás y por ello se compromete con su equipo, pues admira todo lo que las personas pueden llegar a dar de sí mismas. Conoceréis al buen líder por saberse rodear de un buen equipo, técnica y humanamente buenos, pues es algo que no puede ir separado.

También es fundamental que el líder trabaje desde el ejemplo, el compromiso, el entusiasmo, la disciplina, la dedicación, la autonomía y la confianza, porque el miedo paraliza la innovación. Siempre he creído que el liderazgo capacitador es el que mueve a la sociedad hacia etapas más prósperas y que las épocas de oscuridad de nuestra Historia están marcadas por liderazgos infantilizadores, de sumisión, autocomplacientes, sin energía ni libertad, con los que el equipo no se desarrolla, y también sin una brújula o guía que marque los pasos. Con todo, en esas mismas épocas siempre se encuentran microclimas, espacios de libertad para desarrollar la automotivación, pues como se señala en el libro «toda motivación es automotivación», de nuevo la grandeza de la libertad individual.

Pues bien si estás dispuesto a ser valiente y salir de tu zona de confort, a pasar a la acción y ponerte manos a la obra, a ser el dueño de tu propio destino, ya has dado el primer paso, y un coach te ayudará a que todo ello pueda no sólo soñarse, sino llevarse a cabo. Estamos hablando, en suma, de ser más felices.

Elena Gil, directiva de Caja Madrid y consejera de Jazztel

NOTAS

Introducción: Mente de arcilla

(1) Walter Riso. *El arte de ser flexible*, Planeta/Zenith, Barcelona, 2010.

(2) José Antonio Marina. *Crónicas de la ultramodernidad*, Editorial Anagrama, Barcelona, 2000.

(3) Juan Carlos Cubeiro. «Adaptación al cambio», en *Economía Social*, <http://www.economiasocial.es/ver_detalleArt.asp?idart=45875&action=ver&idmsg=3&goto=http%3A%2F%2Fwww%2Eeconomia%2Dsocial%2Ees%2Fver%5Fpdf%2Easp%3FidArt%3D45875>.

(4) Kevin Hall. *El poder de las palabras*, Ediciones Urano, Barcelona, 2010.

(5) Jim Collins y Jerry Porras. *Empresas que perduran*, Paidós, Barcelona, 1996.

(6) Juan Carlos Cubeiro. *En un lugar del talento*, Pearson Educación, Madrid, 2003.

(7) Fragmento en Youtube de la película *Ghost* (1990): http://www.youtube.com/watch?v=kXH4vDQWptU.

(8) Rubén Turienzo tiene colgado un vídeo en Youtube: http://www.youtube.com/watch?v=q4gjJ09F2es en el que extrae lecciones de *Mad Men*. Excelente.

Parte A. ¿Cómo anticipas tu futuro?

1. ¿De qué pasta estás hecho?

(9) Diane Dreher. *Tu renacimiento personal*, Ediciones Urano, Barcelona, 2009.

(10) «La elección de la carrera universitaria no está ligada a la personalidad.» SINC (Servicio de Información de Noticias Cien-

tíficas), 2 de marzo de 2010, http://www.plataformasinc.es/esl/Noticias/La-eleccion-de-la-carrera-universitaria-no-esta-ligada-a-la-personalidad.

(11) Entrevista de Marta Vázquez-Reina a Ana Embid, especialista en coaching educativo. http://www.consumer.es/web/es/educacion/escolar/2010/12/10/197577.php.

(12) Adela Cortina. «Universalizar la excelencia» en *El País*, 29 de diciembre de 2010. http://www.elpais.com/articulo/opinion/Universalizar/excelencia/elpepuopi/20101229elpepiopi_5/Tes.

(13) Leonardo Wok. *El arte de soplar las brasas*, Gran Aldea Editores, Buenos Aires, 2003.

2. ¿En qué te quieres llegar a convertir?

(14) Paul Arden. *Usted puede ser tan bueno como quiera ser*, Phaidon, Barcelona, 2010.

(15) Mihály Csíkszentmihályi. *Fluir (Flow). Una psicología de la felicidad,* Editorial Kairós, Barcelona, 1997.

(16) *Blog* de Seth Godin.

(17) Daniel Innerarity. *El futuro y sus enemigos*, Paidós, Barcelona, 2009.

3. ¿Cómo vas de audacia?

(18) José Antonio Marina. *Teoría de la inteligencia creadora*, Anagrama, Barcelona, 1998.

(19) Entrevista a Mariana Orozco, coordinadora de la asociación Educación Universal, en http://creixementpersonal.wordpress.com/2009/04/28/mariana-orozco-para-ser-feliz-hay-que-ser-valiente/.

(20) José Antonio Marina. *Anatomía del miedo. Un tratado sobre la valentía*, Anagrama, Barcelona, 2006.

(21) Tom Morris. *Si Harry Potter dirigiera General Electric*, Planeta, Barcelona, 2008.

(22) En el blog de William Rodríguez se recogen entrevistas y vídeos para conocer su historia en profundidad.

PARTE B. ¿CÓMO EXPLICAS TU PASADO?

4. ¿CUÁN OPTIMISTA ERES?

(23) Toshijiko Maruta. Clínica Mayo, 900 personas de 1962 a 2002.
(24) Citado en un extraordinario libro, *Optimismo inteligente*, de los profesores María Dolores Abril y Carmelo Vázquez, Alianza Editorial, Madrid, 1998.
(25) Todos estos datos aparecen en el libro de Luigi Anolli, *El Optimismo. Aumenta la energía y mejora la calidad de vida*, Alienta, Barcelona, 2007.
(26) La investigación de Harold Zullow la cuenta Luis Rojas Marcos en *La fuerza del optimismo*, Aguilar, Madrid, 2005.
(27) Los vídeos de «Estudio de las monjas» pueden verse en http://www.healthstudies.umn.edu/nunstudy/videos.jsp y en http://www.youtube.com/watch?v=nw2lafKIEio.
(28) El libro del Dr. David Snowdon, *Aging with Grace: What the Nun Study Teaches Us About Leading Longer, Healthier and More Meaningful Lives* (Envejecer con gracia: lo que el estudio de las monjas nos enseña sobre llevar una vidas más largas, saludables y plenas de sentido), escrito en 2002, está traducido (Editorial Planeta) con el título *678 monjas y un científico.*
(29) Beatriz Vera Poseck ha escrito dos libros muy valiosos sobre este tema: *Psicología Positiva. Una nueva forma de entender la psicología* (Calamar Ediciones, Madrid, 2008) y *Diccionario de la Felicidad de la A a la Z* (RBA, Barcelona, 2010). Coordina y gestiona la web www.psicologia-positiva.com.
(30) Entrevista de David Revelles al Dr. Luis Rojas Marcos en el Magazine de *El Mundo*, 2 de enero de 2011.
(31) «Nuestra estrategia a día de hoy pasa por formar a profesionales.» Entrevista a Rosa Heredero en *El Economista*, 7 de mayo de 2008. http://www.eleconomista.es/universidades/

noticias/521241/05/08/Nuestra-estrategia-a-dia-de-hoy-pasa-por-formar-a-profesionales.html>.

(32) El cuestionario es el siguiente: http://www.psy.miami.edu/faculty/ccarver/sclspan.html.

(33) El cuestionario, en inglés, está en la web de la Universidad de Stanford: http://www.stanford.edu/class/msande271/onlinetools/LearnedOpt.html.

5. ¿Cuál es tu mensaje al mundo?

(34) En el blog de Comunicación no verbal de Jesús Enrique Rosas.

(35) Dossier: «Ser Coherente con uno mismo» de la revista *Psychologies*, n.º 71. Incluye un test de Flavio Mazelin Salvi e Isabel Korolinski: «¿Qué te impide ser tú mismo?», páginas 104-107.

(36) Cita recogida en la presentación de *99 maneras de lograr una vida plena*, recopilación de Carmen Fernández para la revista *Psicología Práctica* que dirige Pepa Castro.

(37) Entrevista de Julián Díez a Oliver Stone, *Expansión*, 9 de octubre de 2010.

(38) «Profesionales con marca propia», de Irene Martínez Porcar, dentro de los blogs de APD: http://www.apd.es/inicio/Blog.aspx?i=b3113c06-c7fa-486b-87c7-b5017401c97a.

(39) Carlos Salas. *El método Kaplan para hablar en público*. La información.com, 11 de septiembre de 2010. http://blogs.lainformacion.com/zoomboomcrash/2010/09/11/el-metodo-kaplan-para-hablar-en-publico/.

6. ¿Por qué mereces confianza?

(40) Cómo valorar y desarrollar la ternura, por Gustavo Ferris, PDF en www.mundoschoenstatt.cl/galeria-de-fotos-9.html.

(41) Entrevista a Ana María Llopis en *Expansión*, septiembre de 2008.

(42) «Seis reflexiones con la letra M.» *Cinco Días*, 9 de enero de 2010. http://www.cincodias.com/articulo/Directivos/

recesion-frena-expansion-mujer-emprendedora/20100109c dscdidir_1/.

PARTE C. ¿CÓMO OBTIENES TU PRESENTE?

7. ¿QUÉ TE ILUSIONA?

(43) La web Frase Célebre (http://www.frasecelebre.net/Videos_De_Julian_Marias.html) recoge los mejores vídeos de Julián Marías en Internet (hasta 43 vídeos).
(44) La Escuela de Palo Alto, que cofundó Paul Watzlawick, es un referente obligado para investigar la generación de ilusión.
(45) Tom Peters. *Las pequeñas grandes cosas*, Deusto, Barcelona, 2010. Un libro muy recomendable, del gurú por excelencia y de la excelencia.
(46) Alfonso Alcántara, *60 ideas de (no) coaching que no sabrás cómo aplicar, o sí*; 6 de enero de 2011, <http://yoriento.com/2011/01/60-ideas-de-no-coaching-que-no-sabras-como-aplicar-o-si-video-libro-de-la-felicidad-714.html/?utm_source=feedburner&utm_medium=feed&utm_campaign=Feed%3A+Yoriento+%28Yoriento%29&ut>.

8. ¿QUIÉNES TE APOYAN?

(47) Joan B. Culla i Clarà. «La conspiración del talento» en *El País*, 29 de diciembre de 2010, http://www.elpais.com/articulo/opinion/conspiracion/talento/elpepiopi/20101229elpepiopi_11/Tes.

9. ¿QUÉ HACES PARA CONSTRUIR TU FELICIDAD?

(48) Sonja Lyubomirsky tiene un blog muy interesante, *The How of Happiness*, <http://www.psychologytoday.com/blog/how-happiness>.

(49) Carmen Grasa, Especial «Amabilidad» de la revista *Psichologies*, n.º 70, páginas 43-48.

(50) Maj Sjöwall, «Estamos dejando atrás nuestros ideales de tolerancia», entrevista en *El País*, 19 de septiembre de 2009, http://www.elpais.com/articulo/internacional/Estamos/dejando/ideales/tolerancia/elpepiint/20100919elpepiint_6/Tes.

(51) Fuente: http://www.magazinedigital.com/salud/psicologia/reportaje/cnt_id/1330/pageID/1.

(52) Web Latona, 3 de noviembre de 2010. http://webcache.googleusercontent.com/search?q=cache:wSY4A6cklg8J:my.opera.com/Latona/blog/show.dml/20491572+perdonar+casarjian&cd=37&hl=es&ct=clnk&gl=es.

(53) «Para superar la crisis, pasión». Almuerzo con Gabriel Masfurroll de Gabriela Cañas. *El País*, 7 de noviembre de 2008. <http://www.elpais.com/articulo/ultima/superar/crisis/pasion/elpepiult/20081107elpepiult_1/Tes>.

CONCLUSIONES

10. UNA PERSONA INTEGRAL E ÍNTEGRA

(54) Basado en el MAPA CONCEPTUAL de la obra de José Antonio Marina, *Agenda para vivir 2011*, editorial Liberman.

REFERENCIAS BIBLIOGRÁFICAS

Introducción. Mente de arcilla

BOSHYK, Yury y DILWORTH, Robert. *Action Learning: History and Evolution,* Palgrave MacMillan, 2010.

COLLINS, Jim y PORRAS, Jerry. *Empresas que perduran,* Paidós, Barcelona, 1996.

CUBEIRO, Juan Carlos, SAINZ, José Antonio et al. *Coaching realmente. Un enfoque europeo y empresarial,* Pearson Educación, Madrid, 2006.

CUBEIRO, Juan Carlos. *En un lugar del talento,* Pearson Educación, Madrid, 2003.

CUBEIRO, Juan Carlos. *La sensación de fluidez,* Pearson Educación, Madrid, 2001.

FERNÁNDEZ, Sergio. *Vivir sin jefe,* Editorial Plataforma, Barcelona, 2009.

FURNHAM, Adrian. *50 cosas que hay que saber sobre psicología,* Editorial Ariel, Barcelona, 2010.

GAZZANIGA, Michael S. *Qué nos hace humanos,* Paidós, Barcelona, 2010.

GILBERT, Daniel. *Tropezar con la felicidad,* Destino, Barcelona, 2006.

HALL, Kevin. *El poder de las palabras,* Ediciones Urano, Barcelona, 2010.

MARINA, José Antonio. *Crónicas de la Ultramodernidad,* Editorial Anagrama, Barcelona, 2000.

MARINA, José Antonio. *La educación del talento,* Editorial Ariel, Madrid, 2010.

McENCROE, Douglas. *Cocinando Liderazgo. Los mejores ingredientes para la mejor dirección,* Ediciones Deusto, Barcelona, 2010.

RISO, Walter. *El arte de ser flexible*, Planeta/Zenith, Barcelona, 2010.
TOMÁS Y GARRIDO, M.ª Consuelo y RÓDENAS TOLOSA, Beatriz. *Los sentimientos y la vida afectiva a través del cine*, Ediciones Internacionales Universitarias, Madrid, 2009.
TURIENZO, Rubén. *Dirige de cine*, Editorial LID, Madrid, 2007.

PARTE A. ¿CÓMO ANTICIPAS TU FUTURO?

1. ¿DE QUÉ PASTA ESTÁS HECHO? VOCACIÓN

DREHER, Diane. *Tu renacimiento personal*, Ediciones Urano, Barcelona, 2009.
FRANKL, Víktor. *El hombre en busca de sentido*, Editorial Herder, Barcelona, 2005.
MONTILLA, Juan Manuel, *el Langui. 16 escalones antes de irme a la cama*, Espasa Calpe, Madrid, 2009.
PUIG, Mario Alonso. *Vivir es un asunto urgente,* Editorial Aguilar, Madrid, 2008.
WOLK, Leonardo. *El arte de soplar brasas*, Gran Aldea Editores, Buenos Aires, 2003.
WOLK, Leonardo. *El arte de soplar brasas en acción*, Gran Aldea Editores, Buenos Aires, 2007.

2. ¿EN QUÉ TE QUIERES LLEGAR A CONVERTIR? PROYECTO PERSONAL

ARDEN, Paul. *Usted puede ser lo bueno que quiera ser*, Phaidon, Barcelona, 2010.
BARTH, Diane. *Daydreaming: Unlock the Creative Power of Your Mind*, Penguin, Londres, 1998.
CSÍKZENTMIHÁLYI, Mihály. *Aprender a fluir*, Editorial Kairós, Barcelona, 2003.
CSÍKZENTMIHÁLYI, Mihály. *Experiencia óptima: Estudios psicológicos del flujo en la conciencia*, Editorial Desclee de Brouwer, Bilbao, 1998.

CSÍKZENTMIHÁLYI, Mihály. *Fluir (Flow). Una psicología de la felicidad,* Editorial Kairós, Barcelona, 1997.
CSÍKZENTMIHÁLYI, Mihály. *Fluir en los negocios. Liderazgo y creación en el mundo de la empresa*, Editorial Kairós, Barcelona, 2003.
FRIES, Amy. *Daydreams at Work. Wake Up Your Creative Powers*, Capital Books, Virginia, 2009.
INNERARITY, Daniel. *El futuro y sus enemigos. Una defensa de la esperanza política*, Paidós, Barcelona, 2009.
LARREA, José Luis e IVANOVIC, Dusko. *Tiempo ¿muerto? para innovar*, Editorial Deusto, Barcelona, 2010.
SHIRKY, Clay. *Cognitive Surplus. Creativity and Generosity in a Connected Age*, Penguin, Nueva York, 2010.
VERA, Beatriz. *Diccionario de la felicidad de la A a la Z*, RBA, Barcelona, 2010.

3. ¿Cómo vas de audacia? Valentía

ÁLVAREZ DE MON, Santiago. *Con ganas, ganas. Del esfuerzo a la plenitud*, Plataforma, Barcelona, 2010.
BAUMAN, Zygmunt. *Miedo líquido*, Paidós, Barcelona, 2010.
BROWN, Stephen. *La magia de la marca de Harry Potter*, Gestión 2000, Barcelona, 2006.
JEFERS, Susan. *Aunque tenga miedo, hágalo igual*, Robinbook, Madrid, 2002.
MARINA, José Antonio. *Anatomía del miedo. Un tratado sobre la valentía*, Editorial Anagrama, Barcelona, 2006.
MONGARDINI, Carlos. *Miedo y sociedad*, Alianza Editorial, Madrid, 1997.
MORRIS, Tom. *Si Harry Potter dirigiera General Electric*, Planeta, Barcelona, 2008.
ROWLING, J. K. *Harry Potter* (siete libros, desde *Harry Potter y la piedra filosofal*, 1999, hasta *Harry Potter y las reliquias de la muerte,* 2008), Editorial Salamandra, Barcelona.
SMITH, David Miln y LEICESTER, Sandra. *Abraza el monstruo.*

Cómo afrontar sus miedos para vivir sus sueños, Gaia Ediciones, Madrid, 1997.

SOSHANNA, BRENDA. *Sin miedo: Los siete principios para alcanzar la paz mental*, Oniro, Barcelona, 2010.

Parte B. ¿Cómo explicas tu pasado?

4. ¿Cuán optimista eres? Optimismo

ANOLLI, Luigi. *El optimismo. Aumenta la energía y mejora la calidad de vida*, Alienta Editorial, Barcelona, 2007.

ROJAS MARCOS, Luis. *La fuerza del optimismo*, Editorial Aguilar, Madrid, 2005.

SELIGMAN, Martin. *Aprenda optimismo. Haga de la vida una experiencia maravillosa*, Grijalbo, Barcelona, 1998.

SNOWDON, David. *678 monjas y un científico*, Editorial Planeta, Barcelona, 2002.

VÁZQUEZ, Carmelo y AVIA, M.ª Dolores. *Optimismo inteligente*, Alianza Editorial, Madrid, 1998.

WALLACE, Danny. *Yes Man*, Ebury Press, Londres, 2005.

5. ¿Cuál es tu mensaje al mundo?

Claridad y gestión de las emociones

DAVIS, Flora. *La Comunicación no verbal*, Alianza Editorial, Madrid, 1998.

DEBRA Fine. *Saber conversar*, Editorial Temas de Hoy, Madrid, 2009.

DYER, Wayne W. *Tus zonas erróneas*, Debolsillo, Barcelona, 2010.

FINE, Debra. *Saber qué decir*, Editorial Temas de Hoy, Madrid, 2008.

LAPPÉ, Frances Moore y PERKINS, Jeffrey. *You Have the Power. Choosing Courage in a Culture of Fear*, Penguin Books, Londres, 2005.

TURIENZO, Rubén. *Saca la lengua*, LID Editorial, Madrid, 2010.

VERA, Beatriz. *Psicología Positiva. Una nueva forma de entender la psicología*, Calamar Ediciones, Madrid, 2008.

6. ¿Por qué mereces confianza? Generación de confianza

ANDRÉ, Christophe y LELORD, François. *La fuerza de las emociones*, Kairós, Barcelona, 2002.

BRANDEN, Nathaniel. *Los seis pilares de la autoestima*, Paidós, Barcelona, 2003.

CARLIN, John. *El factor humano*, Seix Barral, Barcelona, 2009.

COVEY, M. R. *The Speed of Trust. The One Thing that Changes Everything*, Free Press, 2006.

COVEY, Stephen. *Los siete hábitos de la gente altamente efectiva*, Paidós, Barcelona, 2009.

GASALLA, José María y NAVARRO, Leila. *Quien confía lidera*, Ediciones Urano, Barcelona, 2010.

Parte C. ¿Cómo obtienes tu presente?

7. ¿Qué te ilusiona? Ilusión

FERRARI, Keith. *Nunca comas solo*, Amat Editorial, Madrid, 2010.

FERRARI, Keith. *3 personas para cambiar tu vida*, Zenith, Barcelona, 2010.

FREEMANTLE, David. *El factor estímulo. La nueva dimensión en la motivación*, Pearson Educación, Buenos Aires, 2001.

GARDNER, Chris. *The Pursuit of Happyness*, Harper Paperbacks, 2006.

MARÍAS, Julián. *Breve tratado de la ilusión*, Alianza Editorial, Madrid, 1997.

PINK, Daniel. *La sorprendente verdad sobre qué nos motiva*, Gestión 2000, Barcelona, 2010.

WATZLAWICK, Paul. *El arte de amargarse la vida*, Herder, Barcelona, 2003.

8. ¿Quiénes te apoyan? Equipo, red social

BETHENCOURT, Pino. *Toma las riendas, ¿te atreves a cambiar?*, Alienta Editorial, Barcelona, 2009.

CUBEIRO, Juan Carlos y GALLARDO, Leonor. *El Mundial de La Roja*, Alienta, Barcelona, 2010.

DAMIANO, Silvia. *Engage me*, Sydney, 2010.

GODIN, Seth. *Tribus*, Ediciones Gestión 2000, Barcelona, 2009.

MARINA, José Antonio. *Culturas fracasadas*, Anagrama, Barcelona, 2010.

ORTEGA Y GASSET, José. *La rebelión de las masas*, Espasa Calpe, Madrid, 2006.

PETERS, Tom. *Las pequeñas grandes cosas. 163 trucos para conseguir la excelencia*, Ediciones Deusto, Barcelona, 2010.

TIERNO, Bernabé. *Sabiduría esencial. El jugo de la vida exprimido para ti*, Temas de Hoy, Madrid, 2010.

9. ¿Qué haces para construir tu felicidad? Felicidad

CASARJIAN, Robin. *Perdonar. Una decisión valiente que nos traerá paz interior*, Ediciones Urano, Barcelona, 1994.

DALÁI LAMA. *El arte de la felicidad*, Editorial Grijalbo, Barcelona, 1999.

EMMONS, Robert. *¡Gracias! De cómo la nueva ciencia de la gratitud puede hacerte feliz*, Ediciones B, Barcelona, 2008.

GILBERT, Elizabeth. *Come, reza, ama*, Suma de Letras, Madrid, 2010.

LANGER, Ellen. *Mindfulness. La conciencia plena*, Paidós, Barcelona, 2007.

LYUBOMIRSKY, Sonja. *La ciencia de la felicidad*, Ediciones Urano, Barcelona, 2008.

MARÍAS, Julián. *La felicidad humana*, Alianza Editorial, Madrid, 2006.

NOLEN-HOEKSEMA, Susan. *Mujeres que piensan demasiado. Cómo evitar los pensamientos repetitivos y vencer la ansiedad*, Paidós, Barcelona, 2004.

POWDTHAVEE, Nick. *The Happiness Equation: 100 Factors That Can Add To or Subtract From Your Happiness*, Adams Media, Londres, 2008.

RABAT-ZINN, Jon. *La práctica de la atención plena*, Kairós, Barcelona, 2007.

RUBIN, Gretchen. *The Happiness Project: Or, Why I Spent a Year Trying to Sing in the Morning, Clean My Closets, Fight Right, Read Aristotle, and Generally Have More Fun,* Harper, Nueva York, 2009.

SELIGMAN, Martin. *La auténtica felicidad: La nueva psicología positiva revoluciona el concepto de felicidad y señala el camino para conseguirla*, Ediciones B, Barcelona, 2003.

SHAHAR, Tal Ben. *Ganar Felicidad. Descubre los secretos de la alegría cotidiana y la satisfacción duradera*, RBA libros, Barcelona, 2008.

ST. JAMES, Elaine. *Simplifica tu vida. Vivir feliz de manera sencilla*, RBA libros, Barcelona, 2007.

SWARUP, Vikas. *¿Quiere ser millonario?*, Anagrama, Barcelona, 2006.

Conclusiones

10. Una persona integral e íntegra. Integridad

GLADWELL, Malcolm. *Fueras de serie: Por qué unas personas tienen éxito y otras no*, Taurus, Madrid, 2009.

MARINA, José Antonio. *Agenda 2011 Para Vivir*, Ed. Liberman, Jaén, 2011.

MORO, Tomás. *Últimas cartas (1532-1535)*, Acantilado, Barcelona, 2010.

MORO, Tomás. *Utopía*, Tecnos, Madrid, 2006.

PALUCH, Ari. *El combustible espiritual: Cómo dejar de tener razón y empezar a tener paz*, Planeta, Barcelona, 2010.

PUNSET, Eduard. *Viaje a las emociones. Las claves que mueven el mundo: la felicidad, el amor y el poder de la mente*, Destino, Barcelona, 2010.

WILBER, Ken, PATTEN, Terry, ADAM, Leonard y MORELLI, Marco. *La práctica integral de vida*, Editorial Kairós, Barcelona, 2010.

BANDA SONORA

Introducción. Mente de arcilla.

«El secreto de las tortugas 2010», Maldita Nerea

1. ¿De qué pasta estás hecho?

«The Best», Tina Turner

2. ¿En qué te quieres llegar a convertir?

«Subido en el palo», Peña Suazo y La Banda Gorda

3. ¿Cómo vas de audacia?

«The Eye of the Tiger», Survivor

4. ¿Cuán optimista eres?

«You Can Call Me Al», Paul Simon
«Sonrisa», Ana Torroja

5. ¿Cuál es tu mensaje al mundo?

«We Are the World», Michael Jackson

6. ¿Por qué mereces confianza?

«Human», The killers

7. ¿Qué te ilusiona?

«Viva la vida», Coldplay

8. ¿Quiénes te apoyan?

«Just the Two of Us», Grover Washington Jr.
«We Are the Champions», Queen

9. ¿Qué haces para construir tu felicidad?

«Sólo se vive una vez», Azúcar moreno
«Canta y sé feliz», Peret. Eurovisión 1974

10. Una persona integral e íntegra

«My Way», Frank Sinatra
«Just the Way You Are», Billy Joel

VÍDEOGRAFÍA SELECCIONADA

Almas en la hoguera (1949)
Billy Elliot (2000)
El discurso del rey (2010)
El último bailarín de Mao (2009)
En busca de la felicidad (2006)
El desafío: Frost contra Nixon (2008)
Ghost (1990)
Harry Potter y la piedra filosofal (2001)
Invictus (2009)
La Comunidad (2000)
Ocean's eleven (2001)
Slumdog Millionaire (2008)
Tucker, un hombre y su sueño (1998)
Un hombre para la eternidad (1966)
Wall Street (1987)